抖音博主

实操攻略

内容策划　视频制作
直播技巧　运营变现

朱彬　著

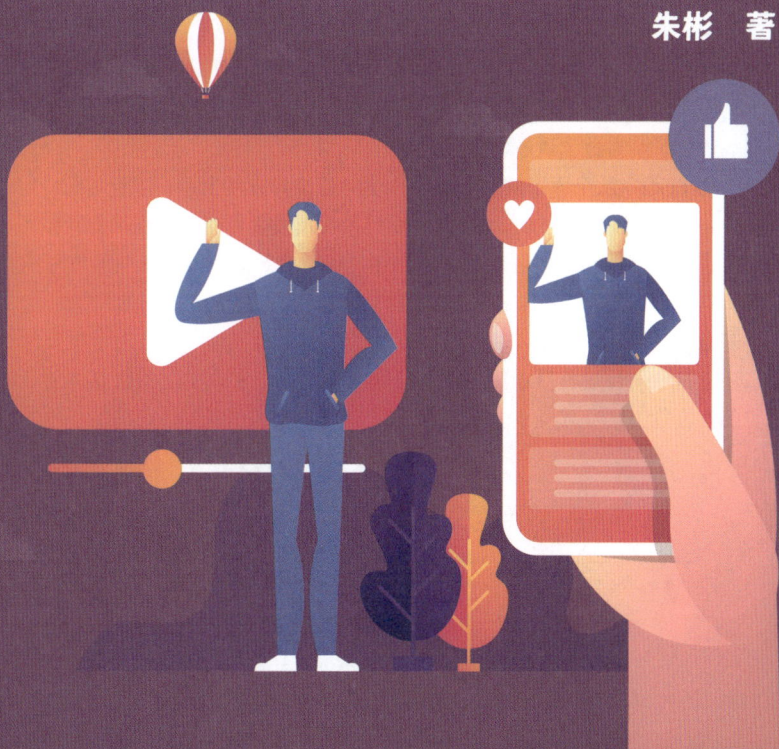

人民邮电出版社

北京

图书在版编目（CIP）数据

抖音博主实操攻略：内容策划 视频制作 直播技巧 运营变现 / 朱彬著. -- 北京：人民邮电出版社，2023.2（2024.5重印）

ISBN 978-7-115-60152-0

Ⅰ．①抖… Ⅱ．①朱… Ⅲ．①网络营销 Ⅳ．①F713.365.2

中国版本图书馆CIP数据核字(2022)第195582号

内 容 提 要

本书深入剖析了抖音平台的特点，对抖音账号的内容策划、视频制作、直播技巧、运营变现等进行了全方位的讲解。

本书共 11 章，从全面了解抖音平台入手，让读者方便上手，接着对账号定位、短视频内容创作、抖音新手入门技巧、"爆款"视频拍摄及模板、剪映的视频剪辑技巧、企业营销玩法、抖音直播变现等内容进行了详细介绍，使读者熟练掌握运营抖音账号需要具备的核心技能。

本书适合对抖音内容创作和运营感兴趣的广大读者阅读学习。对于短视频行业的从业人员、通过抖音平台进行营销的企业和商家、通过抖音实现引流的新媒体创业者，本书也有一定的参考价值。

◆ 著　　　　　朱　彬

　　责任编辑　张　贞

　　责任印制　陈　犇

◆ 人民邮电出版社出版发行　　北京市丰台区成寿寺路 11 号

　　邮编　100164　　电子邮件　315@ptpress.com.cn

　　网址　https://www.ptpress.com.cn

　　北京九天鸿程印刷有限责任公司印刷

◆ 开本：700×1000　1/16

　　印张：12　　　　　　　　　　　　2023 年 2 月第 1 版

　　字数：329 千字　　　　　　　　　2024 年 5 月北京第 7 次印刷

定价：79.80 元

读者服务热线：**(010)81055296**　印装质量热线：**(010)81055316**
反盗版热线：**(010)81055315**
广告经营许可证：京东市监广登字 20170147 号

前言

写作背景

近几年，短视频在生活中出现的频率越来越高，"刷"短视频已经成为大多数人生活中必不可少的娱乐活动之一。在诸多短视频平台中，抖音凭借其新鲜、有趣的内容以及众多创意玩法，收获了庞大的用户群体，并逐渐成为大众所熟知的头部平台。如今抖音的短视频内容涵盖了生活的方方面面，用户遍布全球各地，其商业价值得到了充分的体现，已然成了主流营销平台。

本书全面且系统地讲解了抖音短视频创作和运营过程中涉及的各类拍摄、剪辑、选题策划、运营技巧等内容，旨在满足短视频创作初学者、视频剪辑爱好者、新媒体行业从业人员的实际需求。

本书特色

创作与运营相结合：本书并非单纯地介绍抖音与剪映的特点及功能，而是站在初学者的角度，着重解决初学者可能会面临的诸多问题，如抖音账号要如何打造，视频要怎么拍，视频拍完后应如何用剪映进行加工，后期又如何对内容进行运营等。针对以上问题，本书循序渐进地梳理了抖音的基本玩法，短视频的拍摄、剪辑以及后期的"引流"技巧等内容，旨在帮助读者解决创作难题。

实操技术指导：本书内容包括账号创建、账号定位、人设打造、账号运营等内容，帮助零基础读者快速入门；拍摄器材选择建议、构图与拍摄技巧、运镜手法等，配合实际案例，指导读者高效拍摄优质素材；从基础剪辑到特效剪辑，如素材加工、音频处理、字幕添加、特效转场等，仅用一部手机轻松完成视频制作的全流程；选择合适的发布时间，增加"上热门"概率的作品发布技巧，帮助读者使账号运营更加有效且轻松；进行企业账号认证，使品牌更具影响力；"引流吸粉"的办法，使收益最大化；精心打造直播间，使直播带货更加高效。

内容框架

本书共11章，详细讲解了抖音的特色及玩法、确定账号类型与风格的技巧、选题策划与脚本写作、视频拍摄技巧、剪辑软件的操作方法、作品发布要点、品牌营销、"引流吸粉"与直播等内容。

第1章　概述短视频崛起的背景，抖音的核心算法、无可替代的商业价值和运营步骤。

第2章　主要讲解确定账号定位、内容选题与人设的方法，讲解运营的三个阶段以及需要避坑的内容，帮助读者少走弯路。

第3章　主要介绍短视频创作的各项内容，包括选题策划、脚本策划、标题与文案的撰写等。

第4章　讲解抖音账号的注册步骤和运营规则，以及抖音账号体系，帮助读者快速熟悉抖音的基础功能。

第5章　主要讲解短视频的拍摄，帮助读者运用合适的器材、拍摄技巧和运镜手法，拍摄出高质量的短视频。

第6章　主要讲解抖音热门同款视频的拍摄与剪辑，以及视频模板的运用。

第7章　主要介绍如何使用剪映剪辑视频，从新手的角度出发，详细介绍了素材导入与编辑、音频处理、特效添加等技巧。

第8章　主要讲解"上热门"的前提要求与技巧，以及作品发布技巧等。

第9章　主要介绍品牌营销，帮助读者快速了解企业号及企业号内容的策划和营销技巧等。

第10章　主要讲解抖音账号"引流吸粉"的方法，包括抖音算法的核心参数讲解，以及内外部"引流"技巧等。

第11章　主要介绍抖音的直播功能，包括直播权限的开通、直播间封面和内容的策划，以及直播变现的方式等。

目 录

第3章

内容创作：短视频选题策划与文案撰写

第4章

新手上路：抖音之路第一步

第5章

视频拍摄："爆款"视频这样拍

视频模板：解锁"爆款"视频

剪映软件：轻松玩转视频剪辑

第8章

巧妙发布：熟记平台规则

第9章

品牌营销：解锁更多企业营销玩法

第 10 章

"引流吸粉"：有效实现收益最大化

第 11 章

抖音直播：强有力的变现路径

第 1 章

抖音平台：全面了解方便上手

近年来，我国短视频用户数与日俱增，而作为短视频行业巨头的抖音，其日活跃用户数与影响力也逐步攀升。

随着用户不断增多，抖音已经不再是单纯的内容应用平台，而是覆盖了社交、电商、学习、生活、娱乐等各个领域的全方位平台，满足了人们生活中的多种需求。本章将全面介绍抖音如此火爆的原因、抖音的核心算法与商业价值、短视频运营的6个步骤等内容。

1.1 短视频时代：抖音为何一枝独秀

短视频凭借其时长短、内容有趣以及能充分满足用户碎片化娱乐需求等优势，成为当今十分受欢迎的新型传播载体。而抖音作为短视频平台，一上线便迅速"走红"，其中既有抖音上手门槛低、内容丰富、平台推荐机制优异等原因，也有时代的原因。

1.1.1 迎接移动新媒体时代

"新媒体"是相较于报纸、杂志、广播、电视四大传统意义上的媒体而言的，被称为"第五媒体"，而移动新媒体是指以移动终端载体和无线网络为传播介质，以手机、平板电脑等移动智能终端为典型代表，实现文字、图像、音频、视频等内容的传播和服务的新的传播形式。

移动新媒体的快速发展为大众提供了信息传播的平台，也改变了大众的消费方式与生活习惯。中国互联网络信息中心（China Internet Network Information Center，CNNIC）发布的第49次《中国互联网络发展状况统计报告》数据显示，截至2021年12月，我国网民规模达10.32亿，其中使用手机上网的比例达99.7%。随着互联网的快速发展，利用移动新媒体进行信息传播已是大势所趋。

移动新媒体时代的4个特征如图1-1所示。

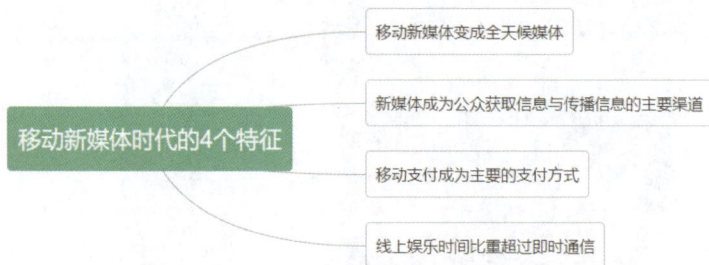

图 1-1

1. 移动新媒体变成全天候媒体

目前手机的显示屏幕大小多为5.5英寸～6.5英寸（1英寸≈2.54厘米），相较于电视屏幕已经小了很多，因而手机可以随身携带；而屏幕较大的移动终端，比如iPad，也可以放进包里随身携带。移动终端的便携性使人们能随时将其带在身上，社交App能随时在线，全天保持联系，发送的消息往往很快就能得到回复，这些正是移动新媒体变成全天候媒体的表现。

2. 新媒体成为公众获取信息与传播信息的主要渠道

《中国新媒体发展报告No.12（2021）》得出结论：新媒体已经成为我国公众获取信息的主要渠道。手机媒体是最重要的的新闻信息来源；只从传统媒体获取新闻的人极少，以微信、抖音为代表的新媒体平台是人们获取新闻信息最重要的渠道；微信是用户最多、使用最广泛的新闻信息获取平台。同时，抖音使得多媒体信息的复制和分享变得更加便捷，传播速度更快、范围更广。

3. 移动支付成为主要的支付方式

21世纪，互联网、云计算和大数据技术飞速发展，支付方式发生了翻天覆地的变化。2016年10月13日，支付宝正式推出收款二维码。2017年5月27日，中国银联联合40余家商业银行推出银联云闪付二维码产品，持卡人通过这些银行的App即可实现银联云闪付扫码支付。截至2021年12月，我国网络支付用户规模达9.04亿，占网民的87.6%。在移动支付时代，人们出门基本不用带现金，用手机一扫就能完成支付，如图1-2所示，这同时也促进了手机用户数量的增长。

图 1-2

4. 线上娱乐时间比重超过即时通信

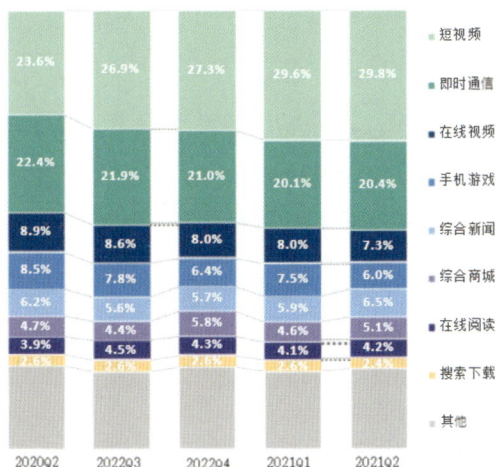

极光于2021年8月发布的《2021年Q2移动互联网——行业数据研究报告》显示，移动网民人均App每日使用时长为5.1小时，短视频类App以人均单日约1.5小时的使用时长超过了即时通信类App。如图 1-3所示。短视频不仅成为用户休闲娱乐的主要选择，更在用户获取信息的渠道方面占据越来越高的比重。

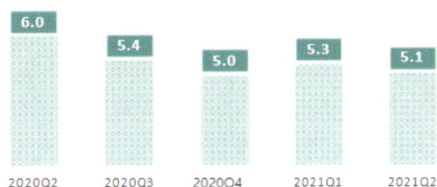

图 1-3

1.1.2 短视频崛起的秘密

短视频是一种继文字、图片、传统视频之后新兴的互联网内容传播载体，它融合了文字、声音和图片，可以更直观、立体地满足用户的需求。短视频时长多以秒为单位，内容短小精悍，具备很强的娱乐性。如今，短视频出现在一天中的各个时间段，出现在不同人的手机里，早已成为人们生活中的一部分。

短视频有以下4个特点，这些特点也是其得以崛起的原因，如图1-4所示。

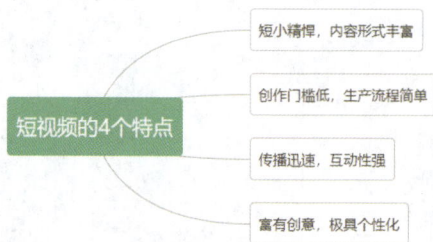

短视频的4个特点
- 短小精悍，内容形式丰富
- 创作门槛低，生产流程简单
- 传播迅速，互动性强
- 富有创意，极具个性化

图 1-4

1. 短小精悍，内容形式丰富

人们等车、坐车、排队、就餐等花的零碎的时间被称为碎片化时间。因为碎片化时间往往不长，其间难以做需要长久集中注意力的事情，比如办公、写作，所以人们在这个时间段往往会感到无聊，而短视频就正好填补了这段无聊的时光。短视频时长普遍在15秒到5分钟，能有效符合用户碎片化阅读的习惯。短视频的内容形式多样，涵盖了技能分享、幽默娱乐、时尚潮流、社会热点、公益教育等题材，使得短视频节奏紧凑，娱乐性强。得益于时长短、娱乐性强的特点，短视频多被人们用来打发碎片化时间。

2. 创作门槛低，生产流程简单

短视频实现了生产流程简单化，创作者一部手机就可以完成短视频拍摄、剪辑、上传与分享。目前主流的短视频平台大都有一键添加滤镜和特效的功能，各种功能简单易学，操作门槛低。

3. 传播迅速，互动性强

在互联网迅速发展的背景下，Wi-Fi的覆盖率越来越高，无论是家里还是办公场所，甚至是商场等公共场所都覆盖了Wi-Fi。即使是在户外，当下的移动网络也能够满足用户的需求。人们可以拿着手机，就随时随地录制视频并进行分享，便捷的网络环境为短视频的传播提供了基本条件，随拍随分享，增强了人与人之间的互动。

短视频的传播渠道多样、传播门槛低，容易实现裂变式传播和熟人间传播，用户能轻松在平台上分享自己制作的短视频以及观看、点赞、评论他人发布的短视频。丰富的传播渠道使得短视频的传播力度大、传播范围广、传播速度快、交互性强。

4. 富有创意，极具个性化

短视频的表现形式丰富，更符合当代人审美个性化和多元化的需求，用户可以用富有创造力的剪辑手法制作出精美、令人震撼的短视频。短视频的内容大多贴近生活，用户可以选择自己感兴趣的内容创作短视频。短视频通过记录生活片段，或传递生活中实用、有趣的内容，使观众更有代入感，也更愿意花时间去观看。

1.1.3 主流短视频平台

2018年，国内互联网上活跃着形形色色的中短视频平台，可谓盛况空前，但后来真正脱颖而出的只有抖音、快手和B站（哔哩哔哩的简称），而其中B站以中视频居多，所以现在主流短视频平台主要有三，分别是抖音、快手和2020年上线的视频号。

1. 抖音

截至2022年3月，抖音的日活跃用户数已经突破了7亿。目前，抖音已成为行业第一大用户聚集地，而在大多数人的认知中，抖音就是短视频平台的代名词，可见其影响力之大。

在上线初期，抖音的标签是"潮""酷""时尚"，主打年轻、时尚的风格。这个定位让抖音在开始发力时占据了优势，并吸引了大量一、二线城市的年轻人。随着用户数量不断增加，抖音的定位也发生了变化。2018年3月，抖音正式启用全新的品牌口号"记录美好生活"，该口号体现了抖音向生活化方向的转变，这让抖音的用户群体从追求"潮""酷"的年轻人扩展到普通大众。

图1-5是抖音在应用商店的介绍图片。

图 1-5

2. 快手

快手经历了10多年的坎坷发展，从最早的GIF图片制作工具发展成了如今的短视频平台，2021年6月，其用户数突破了4亿，仅次于抖音。

快手是从GIF图片制作工具发展起来的，所以早期快手上的短视频更类似于有声版的GIF图片，内容以搞怪、搞笑为主的短视频占比较高。与抖音"潮""酷""时尚""记录美好生活"的定位不同，快手坚持"每个人的生活都值得被记录"的理念，以"拥抱每一种生活"为口号，鼓励用户上传各类原创生活视频。从人们的日常生活到体育、二次元、教育、时尚、购物等，快手的多元化内容几乎涵盖了每一个普通人的"日常生活和远方"。

图1-6是快手在应用商店的介绍图片。

图 1-6

3. 视频号

2020 年 1 月,微信团队研发的视频号正式上线。视频号与抖音、快手不同,其不是一款独立的 App,而是微信的一个子产品,用户不需要单独下载,通过微信便可以打开视频号发布和查看视频。得益于微信庞大的用户数,视频号得以迅速发展。微信 2022 年春节数据报告显示,除夕有 1.2 亿人利用视频号观看春晚,由此可以看出视频号的影响力正在不断扩大。

表 1-1 展示的是视频号与抖音、快手的区别。

表 1-1

平台	产品形态	功能特点	平台算法	流量特点	变现方式	内容特点
视频号	微信的一个功能	快速迭代、逐渐完善	社交推荐+机器推荐	公域与私域并行	广告、带货、资源链接	原创、真实、个人创作居多
抖音、快手	独立 App	功能稳定,更重视商业化	机器推荐	公域为主,私域为辅	广告、带货	原创、包装、以团队制作为主

1.1.4 抖音的五大特点

要想运营好抖音就必须了解抖音的特点。弄清楚抖音的风格、规则,了解抖音用户更喜欢什么类型的视频之后,才能达到事半功倍的运营效果,也能更好地预测抖音未来的发展趋势。

1. 用户体量大

抖音的用户多,且分布在各个领域。用户活跃度高,使用抖音的频率高,黏性较强。

2. 能进行内容精准推送

抖音的算法源于今日头条的算法,抖音能够利用用户画像分析用户的兴趣爱好,进行有针对性的推送,从而减少对用户的干扰,还可以帮助广告主找到精准用户。

3. 变现能力强

当一个抖音账号具备一定的粉丝量后，其变现能力是非常强的。抖音账号的粉丝越多，视频上传后的推荐力度就越大。除此之外，如果抖音账号的粉丝较多，其不仅整体的广告收入十分可观，还会有别的盈利方式，比如直播变现、电商带货等。

4. 内容覆盖各行各业

抖音的内容覆盖了不同的领域，吸引了越来越多知名品牌以及权威机构入驻。抖音拥有非常丰富的内容品类，实现了内容消费、探索创新、互动分享等多场景功能的革新，在营销推广上具有较大优势。

5. 泛娱乐化

在抖音中最受欢迎的视频往往是能给人带来欢乐的视频。在平台推荐机制的作用下，搞笑段子、音乐、舞蹈这些令人感到轻松的内容比严肃的内容更容易传播。在这种情况下，抖音的创作者多朝着轻松、有趣的方向进行创作。一些人们印象中比较严肃的企业和机构入驻抖音后也多以亲切的形象发布作品。

1.2　核心算法：揭秘抖音核心推荐机制

抖音沿袭了今日头条的算法推荐机制——根据用户浏览习惯进行推荐，从而保障了视频的分发效率及用户体验。了解抖音的推荐机制，迎合推荐机制进行创作，是一种快速获取流量的方法。

内容算法推荐机制在新媒体行业主要分为两类：一类是中心化推荐，另一类是去中心化推荐。图 1-7 是对两类内容算法推荐机制的概括。

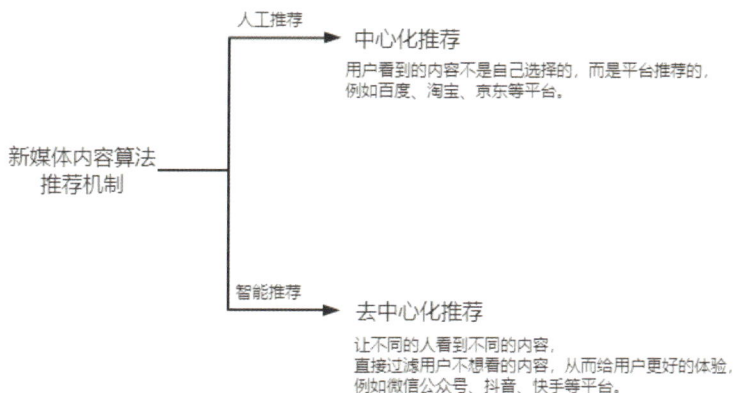

图 1-7

1.2.1　中心化推荐

中心化推荐的特征是将分散的内容聚集在一个平台，通过首页推荐的方式进行内容展示。用户看到的内容相同，大多不是自己选择的，而是平台推荐的，如图 1-8 所示。例如百度、淘宝、京东等平台，都是以中心化推荐为主的互联网产品。中心化推荐的好处是，推荐的内容质量有保证，但不足之处在于用户能够获得的内容非常有限，而且要获得想要的内容，还需要用户自己进行搜寻筛选。

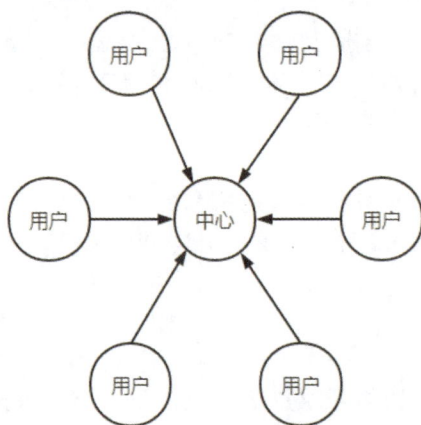

图 1-8

1.2.2　去中心化推荐

去中心化推荐能让不同的用户根据需求看到不同的内容，如图1-9所示，同时赋予了平台内容创作者更多的权限，让创作者可以通过用户关注、订阅等方式获得粉丝，从而激励创作者创作更多的优质内容。

最具代表性的使用去中心化推荐机制的平台是微信公众号。在微信公众号中，用户看到的内容全都是自己关注的，没有统一的推荐首页，每个人关注的公众号都是不同的。此外，抖音也采用了去中心化推荐机制。

需要注意的是，虽然说抖音属于去中心化推荐平台，但它的中心化属性却更强。

虽然抖音会根据用户浏览习惯推荐作品，但如果用户关注的抖音账号新发布的视频数据不够好，那么抖音会更倾向于推荐其他数据更好的作品给用户。因此要想在抖音获得更多的播放量，还是要以内容取胜。

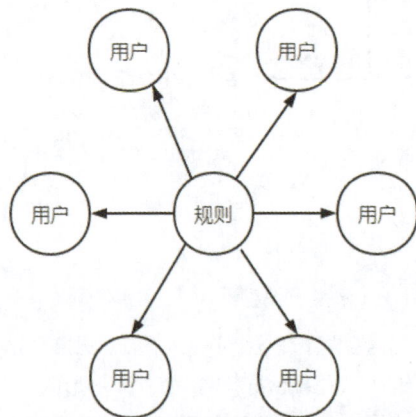

图 1-9

1.2.3 抖音作品的推荐机制

得益于抖音独特且高效的推荐机制，任何人做出的优质视频都有可能得到推荐。比如抖音用户"大凯很努力"的早期视频多以展示特效为主，长期处于不温不火的状态。后来他一改风格，将视频内容改为以教学为主，以展示特效为辅，主要教观众如何制作同款视频，再加上语速较快的特点，使得他迅速走红，如今他已拥有300多万粉丝，其个人主页如图1-10所示。

在享受抖音推荐机制好处的同时，抖音账号运营者还需要了解抖音的推荐机制算法，明白了推荐机制算法，就相当于了解了抖音的运营逻辑，这样一来，运营好抖音账号就容易了许多。

抖音作品的推荐机制大致如图1-11所示。

图 1-10

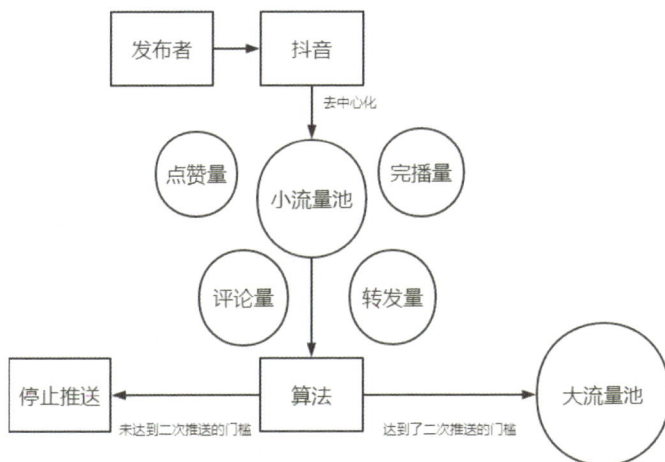

图 1-11

1. 审核方式：机器＋人工的双重审核

为了保证平台的健康发展，同时也为了落实平台的核心算法，抖音会对用户发布的视频进行审核。具体的审核方式分为两种，一种是机器审核，另一种是人工审核。此外，为了保护原创作品，抄袭其他原创作品的抖音账号会被降权。

2. 智能分发：推荐精准用户

抖音智能分发是指一条视频发布后，会被自动推荐给以下4类人群。

➲ 一是粉丝，这是一个抖音账号的核心受众。

➲ 二是通信录好友和可能认识的人。在抖音的"朋友"界面中，会显示朋友发布的作品，如图1-12所示。

⊃ 　三是同城人群。如果允许抖音识别所处位置，一条视频发布后，会出现在同城界面中，并被自动推送给同城的抖音用户，如图1-13所示。

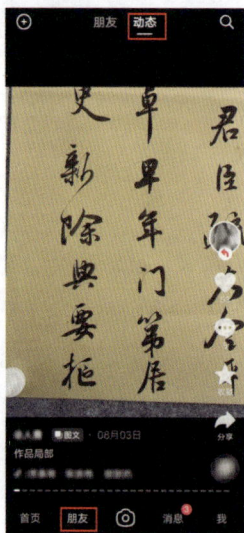
图 1-12

图 1-13

⊃ 　四是可能对视频感兴趣的人。抖音会根据用户的浏览习惯，给用户贴上一些标签。如果视频内容符合用户的标签，系统会认为这些用户可能会对视频感兴趣，并将视频推送给这些用户。

3. 叠加推荐：让视频持续获得播放量

叠加推荐是指抖音会给每条视频初始的推送量，将视频推送给用户后，会根据用户对视频的反馈决定是否给视频增加推送量。例如，抖音对某条视频进行了5000次推送，如果该视频的转发量达到了100次（假设的门槛），那么抖音会继续对该视频进行10000次推送，如果转发量又超过了1000次，那么该视频会再次获得20000次推送。抖音会如此反复地对视频进行叠加推荐，如图1-14所示。平台要求不同，获得叠加推荐的条件也不同，上面的例子是假设的门槛，实际门槛会考虑转发、点赞、评论等多种数据，一切以平台的要求为准。

究其根本，叠加推荐量还是由视频的受欢迎程度决定的。图1-15所示的两条视频中，左边的视频点赞量、评论量、转发量都超过了1万，系统会默认其为非常受欢迎的视频，因此，这条视频就会很容易获得叠加推荐；而右边的视频点赞量不足20，评论量为4，转发量为0，很显然用户对这条视频基本不感兴趣，因此，这条视频无法获得叠加推荐。

但有一点需要注意，当播放量为10万～50万时，视频将会进入人工审核阶段，也就是俗称的二次审核。大部分其实是没有被平台的审核员看过的，创作者大都在和机器打交道，而能进入人工审核阶段，说明视频的表现良好。人工审核阶段将会更加严格，很多视频具备成为"爆款"的潜质，但因为内容问题最终无法通过人工审

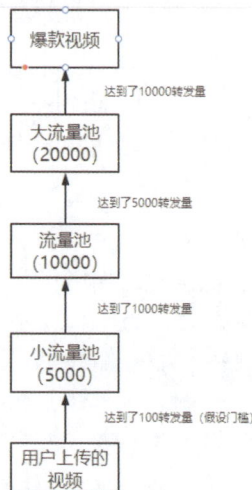
图 1-14

核。图 1-16 所示为审核没有通过的系统提示。这也解释了为什么有些视频数据很好，但突然就没有流量了，不过这种问题往往是播放量已经超过 10 万的大流量视频才会遇到的。

图 1-15   图 1-16

如果审核没有通过，不要气馁，要积极了解审核未通过的原因，抓紧时间修改视频后再将其上传，以保持视频的热度，争取使视频被抖音推荐给更多人观看。

4. 热度加权：完播率＞转发量＞评论量＞点赞量

抖音会根据发布时间选出新视频，剔除旧视频。"爆款"视频在没有被模仿的情况下，一般可以维持一周的热度，而热度加权则能提升一条视频的热度，加权数越高，则视频热度越高，获得平台推荐的力度就越大。转发量、评论量、点赞量和完播率都会影响一条视频的热度加权，4 种数据对热度加权的影响程度也有差异，具体影响程度为：完播率＞转发率＞评论率＞点赞率，如图 1-17 所示。

四大正向考核维度

图 1-17

1.3 无可替代：抖音的商业价值

从 2018 年起，抖音的下载量慢慢超过了微信、微博等。抖音还与淘宝进行合作，为商家提供了巨大的流量入口。随着抖音的持续走红，越来越多的商家入驻抖音，抖音已经成为新的电商流量入口。而除了电商以外，抖音还有不少其他商业价值，如广告推广、直播变现、项目转化等。

1.3.1 电商带货

电商带货是抖音最为普遍的变现方式。如今大量电商入驻抖音，为抖音的内容提供了商品化、货币化的途径，优质的内容像强效的催化剂，能有效地提升变现的效率。创作者如果有自己的商品或品牌，电商带货是非常合适的变现方式。电商带货分为两种情况，分别是为他人带货和为自己带货。

1. 为他人带货

为他人带货需要开通商品橱窗。目前，开通商品橱窗需要满足 4 个要求：至少有 1000 个粉丝、10 条公开视频，进行个人实名认证，并交纳 500 元保证金。开通商品橱窗后，可在抖音电商主页通过搜索，选取产品进行带货，从而赚取佣金。图 1-18 所示为在抖音开通商品橱窗的界面。

2. 为自己带货

为自己带货需要开通淘宝联盟店铺或抖音小店。开通淘宝联盟店铺需要登录阿里巴巴官网进行操作，网页上有详细的开通教程。开通抖音小店需要满足 3 个要求：有营业执照（个人/企业）、交纳保证金（根据商品种类的不同，保证金为 500～2000 元）、进行实名认证。

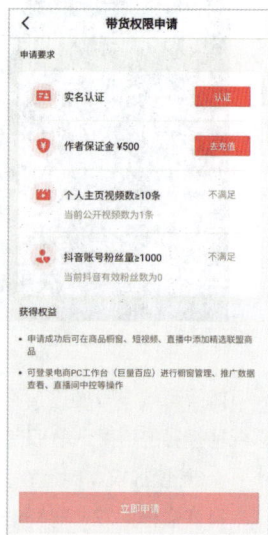

图 1-18

开通成功后，可以把商品信息上传到抖音，通过发布视频和直播来带货。抖音小店的开通标准会随着平台的升级而进行调整，上述标准为 2022 年 3 月的标准。如果账号的主要变现方式是电商带货，那么账号运营将侧重于如何促进商品销售，而不是增加粉丝量和播放量。图 1-19 中左图所示为开通抖音小店的界面，上面说明了开通抖音小店所需满足的条件以及需要准备的资料。图 1-19 中的右图为已开通抖音小店的抖音账号的界面。

图 1-19

1.3.2　广告推广

　　广告推广是抖音最直接的变现方式之一。创作者如果没有自己的店铺、商品或者品牌，通过接广告实现变现是最合适的，如图 1-20 所示。目前，抖音已创建了负责对接广告合作的星云平台。在抖音，接广告的主要方式有广告公司派单、广告主主动寻找合作创作者、创作者主动寻找广告主等。当创作者的抖音账号有一定的粉丝量和稳定的视频播放量后，广告主就会主动请求合作，创作者可以通过帮他们发软广、硬广的形式实现变现。需要注意，在抖音只能通过星云平台签订广告合作协议，不能通过第三方平台达成广告合作，否则相关的广告视频不会获得推荐。

图 1-20

1.3.3　直播变现

　　直播变现的方式有 3 种：直播间礼物收入、直播间小时奖励、直播间电商带货。这些方式都需要流量的支撑，如果粉丝黏性较强，直播间有稳定的浏览量，那么直播变现会很容易实现。

　　如果账号的主要变现方式是直播变现，那么创作者一定要将大多数精力投入直播间，因为账号运营追求的不再是增加视频播放量，而是增加直播间活跃人数。图 1-21 所示是通过直播获得礼物，从而实现变现。

图 1-21

1.3.4 项目转化

创作者完全可以将抖音看作一个全新的获客渠道，并尝试通过抖音为更多人提供专业服务，例如设计、摄影等，或者为更多有需要的用户提供专业项目咨询，例如方案指导、商务咨询和人事咨询等。如果账号变现方式为项目转化，那么账号运营的重心是制作专业领域的视频内容来吸引更多的精准客户。图 1-22 中的抖音账号便通过发布高质量的写真拍摄花絮来吸引用户约拍，从而实现变现。

图 1-22

1.3.5 知识服务

提供知识服务是新媒体领域回报率最高的一种变现方式，有一技之长的创作者完全可以在抖音通过提供知识服务实现变现。创作者可以通过知识产品制作为更多有相关知识需求的人提供服务，例如英语、音乐、写作等的相关学习课程。

如果账号变现的主要方式是提供知识服务，那么账号运营的重心也不是单纯增加粉丝量及视频播放量，而是制作相关知识的教学视频，吸引更多的精准用户。普通粉丝多是没有用的，只有拥有更多的精准粉丝才能更好地实现变现。如图 1-23 所示是某抖音账号通过售卖摄影教程进行变现。

如果直接从平台要求来判断，各变现方式的实现难度应该如图 1-24（左）所示，但真实的变现难度却如图 1-24（右）所示。创作者在开始运营账号前，最好想清楚账号的主要变现方式，不同的变现方式需要创作的内容也不同。

图 1-23

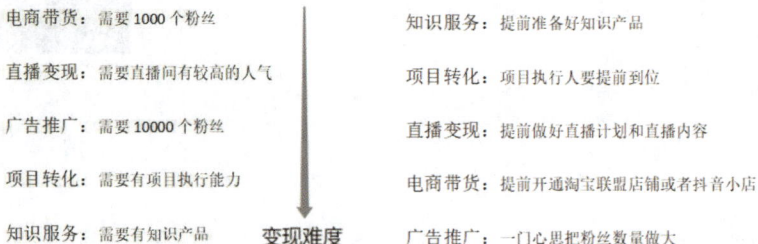

图 1-24

1.4 从0到1：抖音运营的6个环节

要想成功运营抖音账号，提升视频播放量，实现"涨粉"甚至变现，每一个环节都需要付出大量的时间和精力。一般而言，一条短视频从开始创作到上传抖音，需要经历如图1-25所示的6个环节。

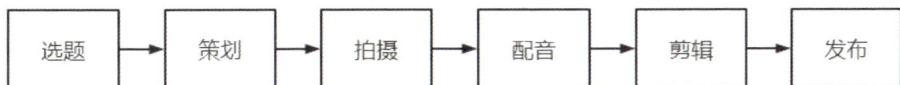

选题 → 策划 → 拍摄 → 配音 → 剪辑 → 发布

图 1-25

1.4.1 选题

选题是对视频内容的大致规划。在日常的内容运营工作中，选题往往是最关键、最难的一个环节。

一方面，选题在很大程度上决定了视频内容的呈现效果；另一方面，选题这个环节十分考验运营者的创意表达能力，及其对热点、用户喜好等方面的敏感程度。从长远来看，做好选题工作还需要运营者有一定的知识、创意积累，这是一项需要运营者投入较多精力的工作。

好的选题可以达到四两拨千斤的效果，哪怕被不同的视频多次演绎，仍然能一次又一次获得成功。

1.4.2 策划

选题环节完成了对视频内容的大致规划，策划环节则需要对视频的制作提供路径，描述相关细节。

1. 策划涵盖的模块

在策划视频时，需要做好以下模块的工作。

- 道具：需要提前准备好拍视频所需的道具，以保证拍摄的正常进行和预期视频效果的呈现。
- 拍摄设备：根据拍摄需要提前准备好拍摄设备，例如拍摄一些镜头所需的特殊设备或者App。
- 拍摄场地：提前定好拍摄场地，以免拍摄时被打扰。
- 灯光：在拍摄前要调试好灯光，以保证画面色调符合预期。
- 服装及妆容：演员的服装及妆容也要提前确认。
- 演员：要选择合适的演员，并提前安排好演员的拍摄工作。
- 时间：要掌控拍摄、剪辑等环节的节奏，以保证视频能按时发布。
- 剧本：相关人员要熟悉剧本内容，特别是人物的台词、表情、动作等的相关表演要求要提前沟通好。
- 配音：配音的内容及效果要求要提前明确，如果现场收音效果不好，那么可以选择后期进行配音。
- 拍摄手法：在脚本中要明确视频片段采用哪种拍摄手法，例如推镜头（通过镜头前移或者变焦实现逐渐靠近拍摄对象的视觉效果）、旋转镜头（多角度展现拍摄对象）等。
- 后期：要明确剪辑要求，包括字幕等。
- 上线素材：要准备好上线素材，包括视频的封面、标题等。

➲ 互动文案：要准备好视频发布后，与其他抖音账号、用户互动的文案。

2. 根据需要设置策划方案的模板

运营团队可以根据团队及账号的特点，选择需要策划的模块并将其组合成策划方案的模板。例如，某些账号的拍摄场地、演员、服装、拍摄手法等已经固化，不需要在拍摄新视频时重新策划。有些抖音账号运营团队已经提前确定不同模块的负责人，如拍摄相关模块由摄影师负责把控，表演相关模块就由演员自由发挥。团队的配合如果已经非常默契和标准化，策划方案就可以相应简化，以提高效率。

1.4.3 拍摄

拍摄环节是视频素材获取的环节。好的镜头不仅能清晰表达视频内容，还可以提升用户的观看体验。拍摄环节的基本要求是画面清晰。

1. 基本要求：保证画面清晰

要保证画面清晰，可从以下几方面入手。

❑ 拍摄设备的分辨率不低于1080p

刚开始使用手机拍摄视频足矣，但在拍摄、输出视频时分辨率最低要调到1080p。如果对视频画面有更高的要求，就可以根据需要选择合适的设备，例如单反相机、微单相机等。

❑ 光照

要尽量选择光照充足的时间段进行拍摄，以免画面过暗或者曝光过度、产生噪点（画面上的杂色斑点）。如果有需要，可以使用合适的补光设备，如闪光灯、专业补光灯等。

❑ 防抖

抖动的画面给用户的视觉体验非常不好，摄影师可以借助防抖工具使画面保持稳定。防抖工具有以下几种：一是最常见的手机支架，其使用方法简单；二是三脚架，使用三脚架时，镜头一般横向或者纵向移动；三是手持稳定器，使用手持稳定器时，即使边运动边拍摄，画面也不会剧烈抖动。

2. 良好体验：协调感以及合适的拍摄手法

要想给用户较好的视觉体验，则需要注意画面、配乐、内容的协调性。

❑ 画面与配乐的协调

配乐的选择很重要，配乐表达的情感与画面要保持一致，否则会使用户产生冲突感。配乐如果有适当的节奏感，则可以使视频的观感更协调。

❑ 视听同步

画面和配乐都是内容表达的形式，前者是用户通过视觉感知的，后者是用户通过听觉感知的。二者应该在同一时间指向同一事物，使用户产生视听同步之感。

要使视频画面具有视觉冲击力，就要使用合适的拍摄手法。

常见的运镜基本动作有推、拉、摇、移、跟、甩、升、降、旋转。

1.4.4 配音

创作者首先要记住一点：先选好背景音乐再去拍摄视频，而不是拍完视频后再选择背景音乐。背景音乐与视频内容的契合度越高，用户的观看体验就会越好。如果先拍视频，那么寻找与视频契合度高的背景音乐将会非常困难。

下面是优化配音效果的方法。

1. 使用平台热门音乐

抖音有一个供创作者使用的大型音乐库，如图 1-26 所示。它不仅能方便创作者寻找配乐，还能为创作者拍摄视频提供灵感。这个音乐库中的音乐都是热门音乐，创作者可以根据需要进行选择。使用热门音乐也是借助热点的方式之一。

2. 处理好原创配音

自己录制的配音一定要处理好，要保证声音清晰，不要出现噪声、音量过高或者过低的问题，要与画面、嘴型保持同步，给用户良好的视听体验。

3. 卡准点

卡点视频之所以受欢迎，正是因为其配音与画面高度契合，呈现出了良好的视觉效果和听觉效果。配音和视频内容脱节，会让用户体验不佳，所以应该避免。

4. 契合抖音调性

配音、人物个性、视频画面和内容都需要契合抖音调性。

5. 让声音有辨识度

具有辨识度的声音可以使用户对账号的印象更加深刻，图 1-27 所示的账号发布的视频因为使用方言而令人印象深刻。

图 1-26

1.4.5 剪辑

视频素材拍好后，需要进行剪辑，从而获得视频成片。

1. 剪辑流程

一般剪辑流程如图 1-28 所示。

图 1-27

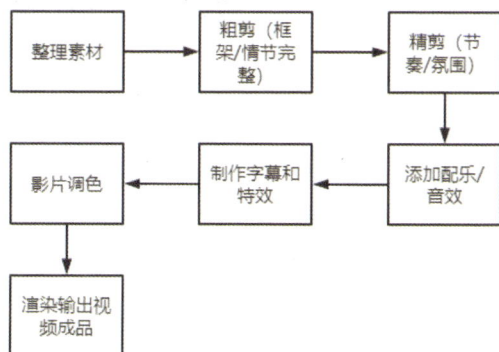

图 1-28

2. 剪辑技巧

下面介绍4种使视频更出彩的剪辑技巧。

❑ 封面

给所有视频或某一系列视频添加风格统一的主题封面，将主题直接展示给用户，不仅能使用户更好地理解视频的内容，还能加深用户对视频或账号的印象。

❑ 字幕

字幕可以帮助用户理解视频内容。在使用字幕时要注意文字的颜色、大小以及位置，以免字幕被界面中的按钮遮挡。

❑ 剪辑手法

可以使用特殊的剪辑手法增强画面感，例如变格剪辑手法，即在组接画面素材时故意剪掉某些动作过程中的几帧画面，将视频中动作的变化放大。这是一种常用的渲染情绪和气氛的剪辑手法。

❑ 特效

可以在视频素材中加入转场特效、蒙太奇效果、三维特效、画中画效果、多画面效果等，让画面更具视觉冲击力，但同一条视频中不要加入太多特效，以免让观众眼花缭乱。

1.4.6 发布

发布视频是最后一个环节，但也不能松懈。

1. 发布前编辑

发布前需要对视频进行编辑，其中最重要的工作就是撰写标题、选择封面。发布界面如图 1-29 所示。

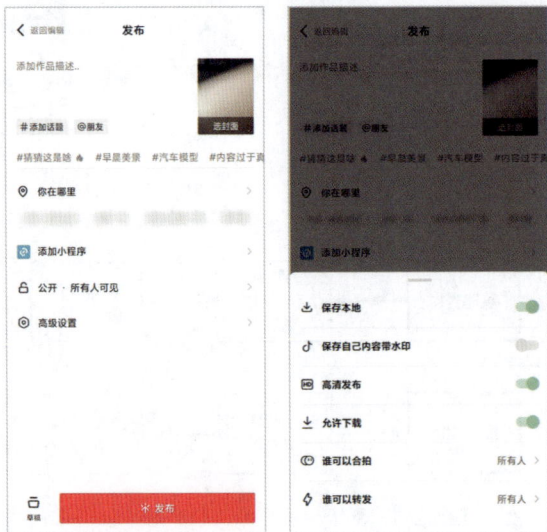

图 1-29

❑ 撰写标题

撰写标题时需要考虑以下两点。

➲ 好的标题更能吸引用户完整观看整条视频。

➲ 标题也在抖音的监控之中，存在敏感词会影响抖音视频的发布。

❑ 选择封面

封面应该是具有代表性的画面，可以帮助用户理解视频内容。

2. 发布后如何促进流量增长

发布后一定要对视频进行检查，除了使用个人主页看视频能否正常播放、标题是否正常显示外，还要用其他人的账号检查视频是否正常发布了。

在视频正常发布后，以下几项措施还可以帮助视频获得更多的流量。

➲ 积极回复评论：在视频刚发布后，当用户在评论区留言时，一定要快速回复，以提升用户的活跃度。

➲ 评论其他账号发布的视频：观看其他热门视频的用户可能会点进评论人的个人主页观看其发布的视频，从而实现"引流"。

➲ 如果有需要，可以付费使用DOU+功能进行视频的推广。要记得在视频发布后1小时内操作，以便助力视频快速进入更大的流量池。

第 2 章

账号定位：
如何才能突破重围

　　从注册抖音账号开始，就要确定账号类型，即进行账号定位。账号定位直接决定了账号的"涨粉"速度、变现的方式与难度，以及"引流"的效果，同时也决定了账号的内容布局。本章将介绍账号定位选题和人设的方法，讲解运营的三个阶段及需要避坑的内容。

2.1 账号定位：一个账号专注一个领域

账号定位的主要目的就是确定账号的主攻领域。账号定位越明确，粉丝就会越精准，商业变现也就越容易。

专注于一个领域更容易吸引相关领域的用户，挖掘该领域的有深度的内容，则更容易产出优质作品。

2.1.1 选择赛道：确定账号类型

每个人都有自己擅长的领域，如果能够在该领域深耕下去必定会有收获。因此，先找到自己擅长的领域再确定账号类型就比较容易了。如果你认为自己没有特别出众的才能，那就要认真审视自己，找到自己相对比较擅长的领域。

灰豚数据对抖音视频的分类如图 2-1 所示，有颜值类、才艺类、兴趣类、知识类、剧情类等大类，各大类又可细分为各个小类，大家可以综合考虑自己的特长、爱好和话题热度，再确定账号类型。

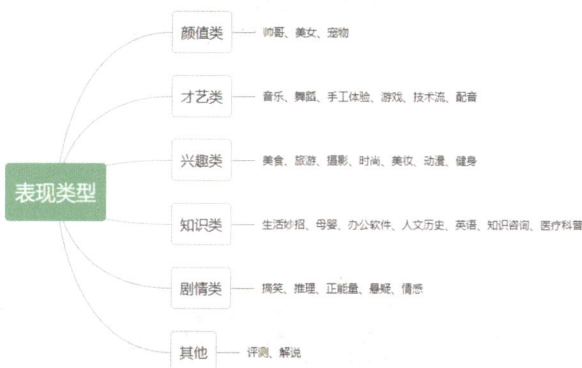

图 2-1

1. 颜值类短视频

美丽的脸庞总是能吸引他人的关注。图 2-2 所示的创作者在抖音人气很高，因为她笑容非常甜美，几乎每个视频都很赏心悦目。

2. 才艺类短视频

才艺类短视频的内容也比较丰富，包括唱歌、跳舞、运动、书法、画画和手工制作等，这些才艺往往能引起观众的钦佩之心，从而使用户点赞或评论相关视频。图 2-3 所示的创作者制作了多种金属手工制品，如倒立洗头机、跑步充电机，通过充满创意的发明来吸引观众。

图 2-2

图 2-3

3．兴趣类短视频

兴趣类短视频的内容十分丰富，如美食、旅游、摄影等。这些视频侧重于分享生活中有趣的经历，从而使观众的心情得到放松，变得愉快。创作者在图2-4所示的三亚旅行vlog中分享了她在旅行过程中的趣事，好看的景色加上三亚的特色食物使观众仿佛身临其境。

4．知识类短视频

当下线上教育发展如火如荼，抖音短视频虽然时长很短，但也足够讲清楚一个知识点或者一种技能，因而很多人开始通过抖音发布知识类短视频，如英语口语教学、拍摄技巧讲解、PS（即Photoshop）图像处理等。这些知识点对相关领域的人士来说比较实用，他们自然也更愿意关注发布这些短视频的账号。图2-5所示的账号便专注于PS的教学。

图 2-4

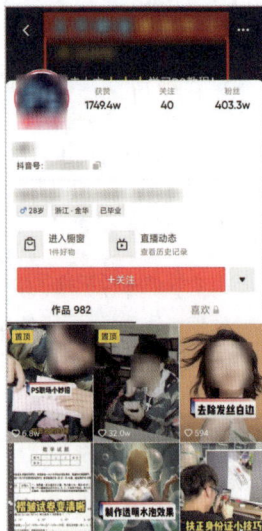

图 2-5

5．剧情类短视频

剧情类短视频极易获得观众的观看及点赞，因为此类短视频能使观众的情绪得到释放，观众点赞也就成了自然而然的事情。但需要注意的是，剧情类短视频也需要不断创新，才能持续获得观众的观看和点赞。图2-6所示的账号发布的视频多凭借不断反转的剧情，及意料之外、情理之中的结尾不断戳中观众的笑点，观众自然更愿意关注该账号。

6．其他类短视频

其他类短视频的显著特点就是生活化，其内容主要围绕生活中的各类话题展开，所以更容易满足观众对内容实用性的需求。以图2-7所示账号为例，这个账号的主要短视频内容是对生活中经常使用的物品进行测评，内容有趣且真实，深受用户的喜爱。

图 2-6

图 2-7

2.1.2 选择形式：真人出镜还是非真人出镜

抖音短视频常见的表现形式分为真人出镜与非真人出镜。如果视频中主人公的颜值高或者镜头表现力强，那真人出镜是最佳选择。如果真人不方便出镜或者镜头表现力不佳，则可以考虑其他表现形式，比如萌宠出镜、制作精美的PPT并配上文字与音乐等，选择合适的表现形式才能更好地吸引用户观看视频。不同的表现形式如图2-8所示。

1. 真人出镜

真人出镜形式的效果比纯字幕、图片形式要好得多，真人出镜的视频更真实、立体，不仅有真实的人物外形，还有动作、声音、表情等，因此更容易获得观众的好感，从而实现个人品牌的传播。图2-9所示便是真人出镜的视频截图。

在选择出镜人员的时候要慎重，除了考核外形、表达能力及表演能力外，其个性也是非常重要的，如果出镜人员与视频中人物的预设不相符，效果就会大打折扣。

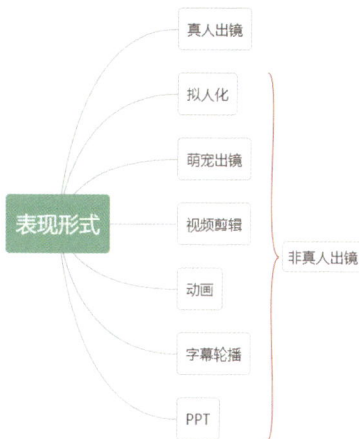

图 2-8

2. 拟人化

拟人化形式的视频比萌宠类视频更具故事性。该类视频一般通过赋予动物或者其他物品人性，以它们的视角展开一系列故事。其内容通常为宠物与主人的对话，讲述宠物为主人"操心"的故事，或者让宠物穿上衣服模仿人类进行活动。在图 2-10 所示的视频中，创作者给宠物穿上了衣服，并为它配音，这就使得视频效果仿佛是宠物在讲述故事，这种与现实的反差让观众忍俊不禁，并乐意为视频点赞。

动物拟人化自然很有趣，但在拍摄过程中难免需要动物做出特定的动作，这时候应当以引导为主，不要强迫动物做出会对它们造成伤害的动作。

图 2-9

图 2-10

3. 萌宠出镜

很多人一看到可爱的宠物，瞬间就能摆脱烦躁，变得愉悦，这就是萌宠的神奇之处。因此，萌宠出镜的视频非常容易获得观众的好感。图 2-11 所示的视频以狗为主要宠物类型，并为其配上了有趣的声音，因而令人着迷。

萌宠出镜的视频更适合泛娱乐行业或宠物行业，变现基本上通过售卖宠物用品来实现。

4. 视频剪辑

视频剪辑相较于其他类型，省去了拍摄成本，该类型一般是对现有的视频素材进行切割，分成多个片段后再进行随机组合，从而生成一个新视频。如图 2-12 便是利用收集的视频素材进行混合剪辑。

优秀的视频剪辑除了需要一定的操作以外还需要丰富的创意，此类优秀视频往往容易吸引粉丝的关注。同时视频剪辑更需要注意版权问题，随意剪辑影视剧、电影片段容易造成侵权，如果对影视剧进行恶性剪辑，更是容易产生法律纠纷，所以在进行混剪前一定要确保剪辑收集的视频素材不会造成侵权。

图 2-11

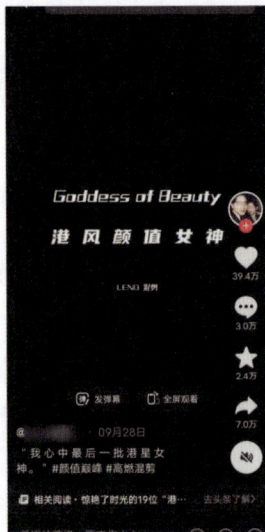

图 2-12

5. 动画

动画形式的视频（见图 2-13）更有趣味性，但因为对专业性要求很高，且制作时间过长，所以使用动画形式的账号大多是由专业的内容公司运营。适合使用动画形式的有以下两种情况。

➲ 有吉祥物的品牌。如果品牌有专属的卡通吉祥物，那么它就可以作为动画的主体。

➲ 真人不适合或者无法出镜的情况。如果没有固定的、符合要求的出镜人员，或者场景是虚拟的，无法用实拍形式展现，那么可以用动画形式。

不要盲目使用动画形式，要根据实际情况来进行选择，毕竟无论是哪种情况都需要专业人士来制作动画。

6. 字幕轮播

字幕轮播形式是制作门槛和制作成本最低的表现形式，但其回报基本也是最低的。发布这类视频的账号的粉丝量能达到 10 万便已经很不错了。图 2-14 所示的视频内容便采用了字幕轮播形式。

这类视频的制作非常简单，因而这种形式适合投入时间不多的个人使用。对于这种形式的视频来说，文字内容是最重要的，一定要精心雕琢，要足够惊艳，否则对观众毫无吸引力。

图 2-13

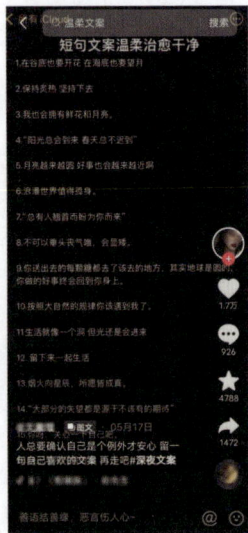

图 2-14

7. PPT

这类视频的制作成本仅高于字幕轮播的视频形式。受限于图文模式，该类视频账号的粉丝量难以突破百万。图 2-15 所示的滚动的画面配文字的视频便是 PPT 类视频。

2.1.3　垂直定位：赛道对了方向才对

一个账号要有明确清晰的定位，才能创作出垂直领域的优质内容。

1. 垂直定位的含义

垂直定位指专注于一个领域输出有价值的内容，确定后就不再频繁更改。比如运营一个分享汽车资讯的账号，那就只分享和汽车相关的内容，建立权威性和专业性，从而增强粉丝黏性。

2. 垂直定位的好处

类型高度统一的内容能给用户留下专业的印象，使用户一眼便能看出账号的类型，同时也能吸引特定人群的关注。持续输出同类型且富有价值的视频，能更精准地吸引对视频内容有需求的用户，从而增大这些用户关注账号的可能性。如果今天发与汽车相关的内容，明天发与美食相关的内容，后天又发与游戏相关的内容，会让粉丝觉得账号内容很混乱，不专业，这样很可能会造成粉丝流失，导致账号无法长效地巩固粉丝基础。

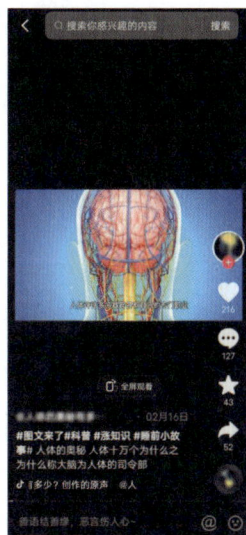

图 2-15

3. 垂直定位的方法

视频封面的形式需要尽量保持一致，以降低用户理解视频内容的成本。对于图 2-16 所示的视频封面，用户很容易看出左边是一个专注于分享美食制作教程的视频账号，如果用户正好有相同需求，关注该账号的可能性自然也会增大不少；而右边的视频封面杂乱无章，用户在短时间内无法看出该账号主要的内容创作方向，关注该账号的可能性自然也不大。

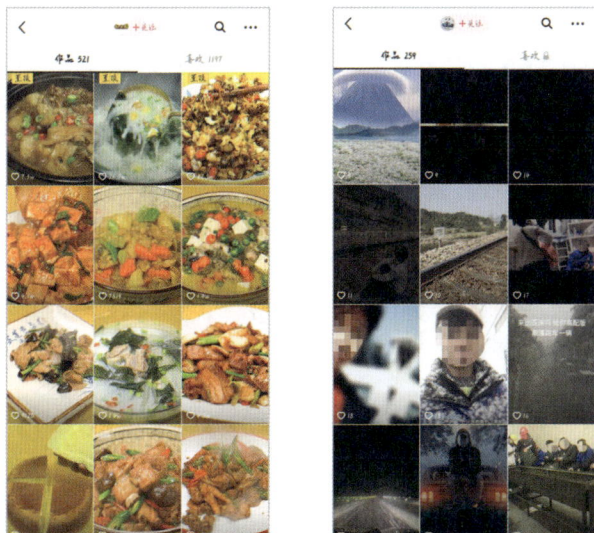

图 2-16

在细分领域长时间输出同类型且富有价值的视频。比如美妆是个大领域，美妆之下还有化妆、护肤等细分领域，创作者便可以从细分领域中挑选一个作为账号的内容定位。账号的内容定位越精准，目标用户就越精准，关注账号的可能性也就越大。

图 2-17 所示的账号专注于评测生活中的产品，告诉大家这个产品中是否有有害物质，是否有添加剂，是否有过量的物质等。该领域贴近生活，与人们所关注的健康问题息息相关，再加上优质的视频内容，该账号自然能吸引用户关注和点赞。

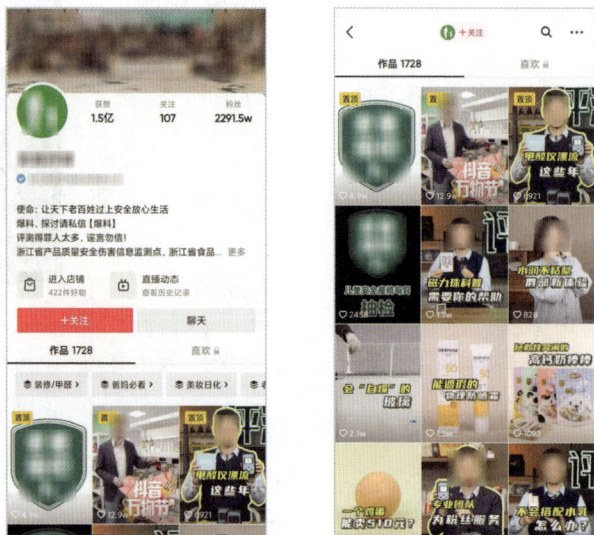

图 2-17

2.1.4　与众不同：差异化才能异军突起

打开抖音搜索某个主题，同类型的作品可能有数百个之多，而且不少作品的账号粉丝量都高达百万甚至千万，那么在这种情况下，一名新手如何才能火起来呢？首先需要分析百万粉、千万粉账号创作的内容，然后找到自己的特色，呈现出与众不同的内容，即进行差异化定位。

在视频内容日渐同质化的时期，唯有做出与众不同的视频才有走红的可能。那么，如何才能迅速找到自己的特色呢？

首先，找准自己的视频定位，创作优质的垂直内容，在一个领域不断追求创新，坚持学习新知识，打造比其他同类型账号更优质、更独特的视频。

其次，分析其他同领域账号的共同点，结合自身的优势，尝试在视频中融入同领域视频中没有出现过的元素。图 2-18 所示的账号前期发布了很多类型的视频，如搞笑、吃播、教做菜等，但是流量都非常低。经过不断总结，运营团队将武侠元素与美食融合在一起，打造出

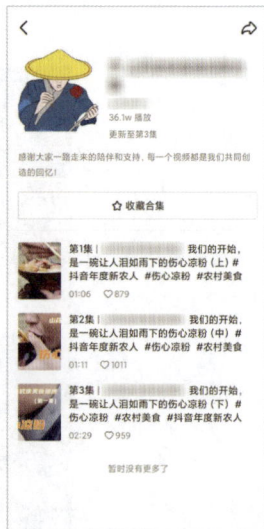

图 2-18

武侠中带点搞笑元素的视频风格，从而吸引了一大批粉丝，目前该账号全网粉丝量已突破800万。武侠的热潮虽已过去，但将其与美食结合在一起又带来了一种耳目一新的感觉，这种风格的视频与其他美食类视频相比更具特色，吸引用户的关注也是自然而然的事情。

最后，在背景、场地、道具、人物形象、口头禅、结束语、肢体动作等这些方面打造与其他视频的差异，比如抖音某美食账号，在视频结尾总会说一句"贫穷只是暂时的，记得按时吃饭"，温暖的话语给人留下了深刻的印象。

2.2 策划选题：在领域下细分内容

选题是短视频创作很难绕开的一个环节。前期搭好视频内容的框架，不仅可以保障足够的视频输出量，进而增强粉丝的黏性，而且有助于创作出精品内容和"爆款"视频，从而吸引更多精准用户。

2.2.1 短视频的选题方向

短视频的选题大致分为14类，如图 2-19所示。确定选题方向就是选择赛道，不同的赛道有着不同的天花板（粉丝量、变现值）和运营机制。

新闻类	三农类	科技类	军事类	游戏类	宠物类	体育类
新闻 地域 行业 时事	农村 农民 农业	科技评测 科技实验 数码 黑科技 科普	军事新闻 军事解说 武器 军迷 军事历史	竞技游戏 网络游戏 创意游戏 游戏解说	宠物表演 宠物日常	体育赛事 体育新闻 赛事解说

剧情类	娱乐类	影视类	生活类	新奇类	文化类	商业类
搞笑 段子 恶搞 街访 故事	舞蹈 唱歌 明星艺人 娱乐八卦	影视解说 影视剪辑 综艺	美食 穿搭 健康 母婴 情感 化妆	技术流 手艺 鬼畜 探索	国学 历史 国风 哲学 二次元	人物 故事 解说 技能

图 2-19

在这些赛道中，剧情类、娱乐类、影视类、生活类、商业类视频占据了大部分内容领域，这些类别也比较容易出现一些头部账号。在整个互联网短视频领域中有两个比较特殊的细分领域，分别是财政领域和健康领域，平台一般会要求这两个领域的创作者具备相关领域的资质。比如财政领域要求创作者必须具有证券从业资格证等，健康领域要求创作者必须是三甲医院的医生。

2.2.2 短视频的选题原则

选题时一定要遵循以下3个原则。

1. 要贴近用户

选题内容要坚持用户导向，要以满足用户的需求为前提，不能脱离用户。要想获得更多的播放量，就应该首先考虑用户的喜好和痛点，越是贴近用户的内容往往越能得到他们的认可，完播率、点赞率、互动率就会越高。

2. 有价值

选题内容要有输出价值，要有干货，要对用户有价值，要满足用户的需求、解决用户的问题，这样才能使用户产生传播的欲望，触发点赞、评论、转发等用户行为，从而实现内容的裂变传播。

3. 要匹配

选题内容要和账号定位有关联，以提升账号在专业领域的影响力，这样才能吸引更多精准用户，增强用户黏性。

2.2.3 短视频的选题维度

选题时需要考虑以下4个维度。

1. 频率

创作者应考虑选题内容在粉丝的需求上是不是高频出现，换言之，就是选题内容是否契合目标用户关注的话题，选题内容只有契合目标用户的关注点，才能获得更多的播放量。

2. 难易

创作者还应该考虑确定选题后视频制作的难易程度，自己或者团队是否有能力应对选题背后的内容生产和内容运营。选题、内容以及表现形式都是需要仔细考虑的，因为用户对视频质量的要求只会越来越高。

3. 差异

无论哪种类别的选题或者哪种话题，在短视频领域都有着不少的竞争账号，甚至在一些垂直细分领域已经有了不少头部账号，此时创作者需要考虑如何打造与其他竞争账号的差异，以吸引用户关注。

4. 行动成本

主要是针对用户在接收到选题内容之后的动作，尽量降低用户理解视频内容需要花费的行动成本，让用户能一眼就知道视频内容是不是自己需要的。视频只有真正满足了用户的需求，才能获得用户的点赞、评论以及转发。

2.2.4 建立选题库

建立选题库有助于创作者更好地持续生产内容，选题库一般分为3种。

1. "爆款"选题库

关注各大热搜榜单，比如抖音热搜榜、微博热搜榜等，掌握热点话题，熟悉热门内容，有助于创作者找到合适的角度进行选题创作和内容生产。热度越高的选题，越能激发用户观看的兴趣。

2. 活动选题库

对于节日类活动选题，比如中秋节、国庆节、端午节、春节等，创作者可以提前布局。另外，平台会不定期推出一系列活动选题，比如大鱼号的夸克知识。创作者可以根据自身情况参与平台话题创作，如图2-20所示，争取得到流量扶持以及现金奖励。

3. 常规选题库

积累素材很重要，不管是身边的趣事，还是每天接收到的信息，创作者都可以通过筛选将有价值的素材放到自己的常规选题库中。

2.2.5 短视频选题的注意事项

1. 远离敏感词

不同的短视频平台可能会设置不同的敏感词，比如一条视频在某个平台有很高的播放量，上传到另一个平台却没有播放量，甚至被下架。多关注各个平台的动态，了解官方发布的一些通知，也可以用句易网或易撰网进行初步的选题内容敏感词筛选，以免出现因违规而封号的情况。图2-21所示为违禁词/极限词查询界面。

图 2-20

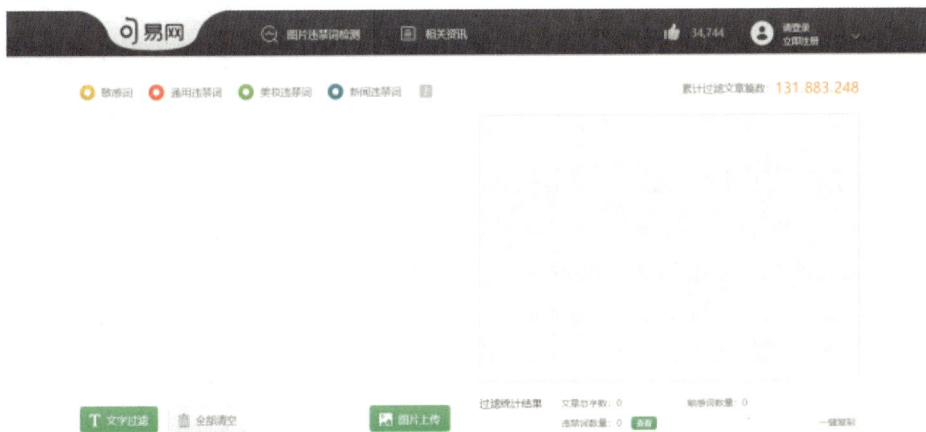

图 2-21

2. 避免盲目借助热点

很多热点会涉及新闻时事、政治政策等内容，这些热点一直都是敏感话题，创作者应当避开。如果观点内容的尺度没有把握好，创作者就会很容易陷入舆论的旋涡，甚至可能会被封号。

3. 标题字数要适当

标题字数要适中，在一些平台超过一定数值以后，标题就会被自动折叠起来。格式要标准。数字用阿拉伯数字。尽量用中文表述，避免使用生僻字和网络词汇，以便机器算法识别出来。句式要合理，很多短视频平台一般会要求标题呈三段式结构。表述要清晰，避免夸大。

2.3 打造人设：账号的内容与风格

打造人设的主旨是创造鲜活、立体的人物形象，创作者可根据具体情况打造合适的人设。

2.3.1 真人口播出镜类

真人口播出镜是抖音最普遍的视频形式，出镜人数通常为1人，最多为3人。

镜头形式多为中景或者特写的固定镜头，拍摄成本较低，很多初学者都会选择这种拍摄方法。此种形式对于拍摄技巧没有太高的要求，但是对于文案、脚本和口播技巧有着非常高的要求。这种形式比较适合知识教学类、评测类和新闻类账号使用。干练、稳重的人设较为合适，因为此类视频对文案的要求比较高，所以出镜人员需要体现专业性。图2-22所示的账号发布的视频大多利用固定镜头配合优秀的文案，再加上真人出镜来展现内容，视频中的人物形象多为留着一头利落的短发、穿着干净衬衫的中年大叔形象，充满生活气息的人设一下就拉近了视频与观众之间的距离。

图 2-22

2.3.2 过程展示类

过程展示类也是抖音的一个大类，主要是展示穿搭、摄影、美食和手工制作等的过程。这类视频没有固定的出镜人数要求，镜头形式比较多样，拍摄难度相比真人口播出镜类视频要高。此种形式比较注重内容的完整度和实用性，适合教程类、科普类和知识教学类账号使用。在此类视频中，人设可以模仿老师，从而使观众更愿意相信视频中所教授的内容。在图2-23中，视频中的人物多戴着眼镜，有书生气，更容易让观众相信视频内容的专业性。

图 2-23

2.3.3 叙事vlog类

vlog一直风靡于各大视频平台，在抖音也不例外，叙事vlog类是一个视频大类。vlog的制作要求十分宽泛，对镜头形式和出镜人数没有固定要求。vlog多用于情感表达等内容题材，主要分为感受记录与生活记录两大类。此种形式比较适合情感类、旅游类、生活技巧类和音乐类账号使用。因为此类视频的内容更加贴近生活，观众在观看之余最大的收获便是放松心情，所以人设应尽可能贴近日常生活中观众身边的人群，可以是哥哥姐姐，也可以是邻居或者朋友，从而给观众一种亲切感，使观众更能沉浸于视频中。图 2-24 所示的视频中出现的人物大多打扮随意，说话语气柔和，仿佛就是我们身边的朋友。

图 2-24

2.3.4 故事小剧场类

故事小剧场类视频像电视剧一样，在抖音有很多这样的视频，观看这些视频就像是"刷"剧。这类视频的制作成本较高，出镜人数一般不少于 3 人，拍摄要求也高，需要专业团队负责。如果是个人创作者，则不推荐制作此类视频。这种形式比较适合情感类、搞笑类和娱乐类账号使用。此类账号的人设应较为多变，最好贴近所拍摄的内容，并且可以灵活地进行转换，如图 2-25 所示。

图 2-25

2.3.5　创意表达类

这类视频形式是抖音早期的视频形式，没有固定模式和样式，时长非常短，通常是15秒左右。这类视频多为我们所说的技术流视频，注重特效和炫目的视觉效果，充满了趣味和创意，往往形式感要大于内容本身。这种形式比较适合秀场直播类、直播带货类或搞笑段子类账号使用。

此类视频因为时长过短，所以最好打造一个很夸张的人设，以便给观众留下深刻的印象。图2-26所示的视频便从人物外形下手打造人设，可以是夸张的妆容，或者是鲜艳的穿着、不对称的发型，总之需要在短时间内迅速给观众留下深刻的印象。

图 2-26

2.4　把握节奏：账号运营的3个阶段

创作者有时候能打造出"爆款"视频并不全是因为有创意，还有一部分原因是其对创作节奏的把握以及对创作心态的调整。下面介绍在账号运营中会经历的3个阶段，以便创作能在经历不同阶段时迅速掌握创作节奏，调整好心态。

2.4.1　启动期

启动期也叫作冷启动期，是账号运营所需经历的最艰难的时期。

启动期一般为15～45天，其间发布的视频约为30个，而单条视频的播放量往往不到200。很多人会在这个时期感到焦虑，甚至萌生放弃的念头，但是要想获得更多的播放量就必须坚持下去。

处于启动期时创作者需要正确地认识自己，平台有着大量的优秀创作者，创作者本就需要同他人抢夺流量，所以没有优秀的选题和文案等，视频就不会获得推荐，这并不是因为平台在限制流量，而是因为没有达到被推荐的水准。在启动期需要做的事情如下。

　➲　确定目标人群以及今后视频内容的创作方向，这将影响到后期的变现方式，因为什么样的内容就会吸引什么样的人群。

　➲　建立属于自己的选题库，多收集同领域的优质视频，以便后期可以持续输出高质量的内容。

　➲　坚持视频输出，更新频率最好维持在1天更新1条视频或者3天更新2条视频。不断提高视频质量，争取获得热门推荐。

一旦获得了热门推荐，账号运营便进入了下一个阶段。

2.4.2　爆发期

当视频获得推荐后，账号的粉丝量与视频的播放量很可能会呈指数级增长，粉丝量很有可能乘着这波浪潮破万。同时，创作者也会因此获得创作热门视频的经验，从而创作出更符合用户需求的视频。

爆发期是让人兴奋的时期，接连的成功会给创作者带来巨大的满足感及成就感，但是运营短视频账号，心态是最重要的。因为暂时获得成功而沾沾自喜，降低对视频的要求是万万不可的，虽然有时把握住了热门话题能连续推出好几条热门视频，但难免会有力不从心的时候。爆发期一般为创作出热门视频后的3～7天。需要注意的是，连续"上热门"的可能性也不大，热门推荐结束后无论是"涨粉"速度还是视频播放量都会有所下降。

在爆发期需要做的事情如下。

- ➲ 分析自己创作的"爆款"视频的特点，尝试打造出自己的视频特色，从而增强粉丝黏性。
- ➲ 抓住热点话题并在爆发期多推出优质视频，提高账号的曝光度。
- ➲ 稳住心态，胜不骄，败不馁，做好长期运营的心理准备。

2.4.3　瓶颈期

当一轮热门推荐结束以后，账号粉丝量和视频播放量往往会达到一个新的高度，但是流量的增长会陷入瓶颈期，有时甚至会出现"掉粉"与播放量下降的情况。大部分人会在这个时期感到焦虑，不知道该如何坚持下去。但这些都是正常现象，在账号粉丝量增加的同时，粉丝对视频质量的要求会上升，获得热门推荐所需满足的质量要求也会跟着上升，如果想获得更多次热门推荐，就只能创作出质量更高的视频。此时需要做的是放平心态，不断学习新的知识及技巧。二三十条普通视频的总数据很可能比不上一条获得了热门推荐的视频的数据。运营账号的核心目标是获得热门推荐。在这3个阶段中爆发期和瓶颈期会不断重复。

因此，要想运营好账号，一定要注意以下几点。

- ➲ 账号运营是持久战，切莫只关注短期效果，长久运营才能获得更大的收获。
- ➲ 没有耐心及毅力的创作者，很难运营好账号。
- ➲ 一定要学习相应的运营和制作技巧，多跟有经验的人交流，不然会走不少弯路。
- ➲ 瓶颈期会持续一段时间，不断积累经验，便会迎来下一个爆发期。

2.5　注意避坑：容易出错的4种账号类型

如今短视频创作者数量日益上涨，虽然发布视频的门槛越来越低，但在拍摄前期如果没有做足功课、定好方向，便容易导致事倍功半。在刚开始运营账号的时候，注意不要选择以下4种账号类型。

2.5.1　大杂烩型

大杂烩型账号的特点为：视频内容多变，缺乏明确的创作方向，个人主页布局杂乱，没有特定的受众。例如有些账号既记录生活，又分享游戏，还分享美食等。

这类账号的主要问题是没有定好视频的创作方向，没有明确视频的受众定位，导致播放量始终无法上升。如果有了一个明确的方向，视频内容的精准度就会提高很多，从而能更精准地吸引目标人群。

要想避免大杂烩情况的发生，在启动期就要明确视频的创作方向，锁定目标人群，输出有深度的内容，将全部精力集中到一个领域内，长期坚持输出优质视频。就像肚子饿了要去饭店，生病了要去医院，用户有了需求就会去寻找能满足其需求的视频。视频内容的精准度高，对视频有需求的用户就能更轻易地找到视频，进而提升视频的播放量。

2.5.2　完美主义型

完美主义型账号的特点为：对内容专业度的要求过高，专业术语太多导致观众看不懂；视频内容过于复杂，要点太多，观众难以在视频结束前理解视频内容；拍摄前期筹划过久，错过了拍摄热点视频的黄金时期。

此类账号哪怕做到了内容垂直，但由于观看门槛高、视频内容复杂、受众范围过小，视频播放量和粉丝量也会很难上涨。

为了避免上述情况的发生，创作者在制作专业性较强的视频时，要站在观众的角度，尽量将专业术语转换为大白话，降低观众理解视频内容的成本。当视频所要表达的内容较多时，可以将其做成系列视频，每期视频讲解其中的一两个要点，这样不但能让观众有更好的观看体验，还能为账号吸引更多粉丝。在互联网时代，信息更新的速度非常快，因此，观众理解视频内容所需花费的时间越少，视频就越能吸引观众。

2.5.3　急于求成型

急于求成型与完美主义型正好相反，急于求成型账号的特点为：视频更新频繁但是内容过于粗浅，充满了粗制滥造的气息；视频开头3秒不具有吸引力，无法勾起观众继续观看的欲望；盲目模仿热门视频内容，缺乏新意。

要想靠视频的数量来吸引观众太难了，观众都有自己的审美要求，面对粗制滥造的视频、已经出现了无数次的热点，他们自然不愿意浪费时间观看。因急于求成而忽视了对视频的打磨的创作者注定无法获得好的结果，而结果通常是竹篮打水一场空。

为了获得长期且稳定的发展，创作者在开始制作视频时，首先要摆正自己的心态，把目光放长远一点。运营账号是一场持久战，成果都是通过不断地积累得来的。要打磨好每一条视频，不断学习新知识，提升视频质量。视频永远在于精而不在于多。

2.5.4　疏于管理型

该类型账号的特点为：视频内容优质，但是播放量不高；标题随意，不够吸引人；缺乏主动为自己宣传的内容。比如一个账号发布的视频虽然内容优质，但取名随意，让观众没有打开观看的欲望，导致"涨粉"速度非常缓慢，有时播放量也难以上升。

这类账号的关键问题在于运营不善，虽然酒香不怕巷子深，但如今好酒太多了，如果缺乏宣传手段，自己的好酒最终也只会被埋没。

为了避免被埋没，创作者要提高视频的更新频率和曝光度，吸引更多的人观看视频；撰写标题时将重点内容提取出来，使观众一眼就能明白视频的主要内容，以增加观众观看视频的欲望；在视频的结尾处可以适当地留个悬念，使观众期待下一条视频的发布，这样观众关注账号的可能性也会增大；在视频的结尾处也可以适当地宣传自己，这样也能增大账号被关注的可能性。

第 3 章

内容创作：短视频选题策划与文案撰写

　　为什么有的视频一经发出，就可以一夜爆火，获赞几百万；而有的视频发出去好几天，却还是无人问津。这其中除了拍摄、剪辑、配乐以及演员的演绎等方面的原因，还有一个十分重要的原因，那就是"内容策划"。

"内容为王"是指短视频的内容是整条视频的灵魂，是影响用户观看、点赞、评论、转发等行为的一大关键因素。优质的视频内容可以让用户一"刷"就停不下来，甚至还会被同行模仿，这也是有些视频被人反复借鉴、翻拍，却仍然能够一次又一次收获流量的原因。

3.1 选题策划的注意事项

选题策划是对视频内容的整体规划，是短视频创作过程中最关键，也是最难的一个环节。好的选题可以帮助运营者快速完成账号定位，获取精准用户与流量。下面将介绍选题策划的注意事项。

3.1.1 找准用户的需求

要想运营好抖音账号，首先要做的就是了解用户，找准用户需求，重视用户观看视频的体验，因为视频拍出来是给屏幕前的用户看的。而要想得到用户的青睐，运营者发布的视频就必须有价值，让用户在观看的过程中获得愉悦的体验。

因此在策划选题时，运营者必须要考虑的一点就是，视频内容能给用户带来的实际好处是什么，能不能为用户解决实际问题。运营者要学会站在用户的角度思考问题，沿着用户的行为路径，分析他们的想法和思路，思考用户可能会遇到的问题以及自己能为用户解决哪些问题。

比如要运营一个育儿类账号，那么账号的目标用户肯定是"宝妈"居多，所以在运营者创作内容的时候就要把自己当成"宝妈"，站在"宝妈"的视角来判断自己的视频发出去以后，"宝妈"们能不能看懂，看完以后会不会感兴趣。

那么"宝妈"关心的话题有哪些呢？一般有母子关系、孩子的学习、育儿的经验和方法等，如图3-1所示。

图 3-1

简而言之，运营抖音账号一定要有用户思维，站在用户的角度进行创作才更容易出"爆款"。

3.1.2 借助热点话题吸引用户眼球

相较于普通选题，由于热点话题原本就拥有一定的受众基础，往往更能抢占流量高地，所以借助热点话题来策划选题是很常用并且十分有效的一种"引流涨粉"的方法。

比如，由于北京冬奥会的举办，吉祥物"冰墩墩"迅速走红，风靡一时。此时，运营者就可以顺势通过在视频中加入与"冰墩墩"相关的元素来吸引用户，如图 3-2 所示。

借助热点话题是一种非常便捷且易见成效的方式，下面介绍几种常见的查找热点的方法。

图 3-2

1. 抖音各类热门榜单

打开抖音，点击右上角的搜索按钮 🔍，可以看到"抖音热榜""直播榜""音乐榜""品牌榜"各类热门榜单，如图 3-3 所示。

2. 各大平台的热搜榜

关注各大平台的热搜榜，比如知乎热榜、百度热搜榜、微信"今日热点"、微博热搜榜等，如图 3-4 所示，有助于掌握热点话题，熟悉热门内容，选择合适的角度进行选题策划和内容生产。热度越高的内容用来作为选题，就越容易引起用户的观看兴趣。

图 3-3

图 3-4

3. 第三方平台

有很多第三方平台专门做抖音的数据分析，比如飞瓜数据、灰豚数据、卡思数据等。这些平台不仅提供了很多热门素材，如视频、音乐、评论、热点话题等，还可以根据 6、12、24 小时，3、7、15、30 天等分类展示热门视频，从而帮助运营者找出更符合用户喜好的选题内容。图 3-5 所示为灰豚数据首页。

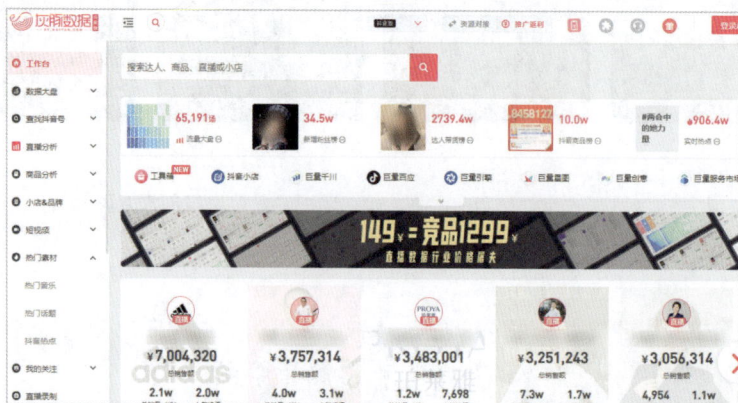

图 3-5

3.1.3 输出积极向上的正能量内容

从平台方面来看，互联网平台应倡导积极向上、正能量的内容，抖音作为互联网世界的一部分，同样应推广正能量、积极向上的内容，抵制负能量内容。

从用户方面来看，短视频之所以广受用户的青睐，很大程度上是因为大部分视频展示的都是快乐而美好的事物，这满足了用户寻找快乐的需求。

在现实生活中，人们或多或少会产生一些负面情绪，而在排遣负面情绪时，人们一般会主动选择观看一些能让人身心愉悦的内容。所以无论何时，正能量的选题内容总是很容易让人产生共鸣。

案例一："是德善呀–许凯"，228.9万粉丝，获赞3022.3万（截至2022年3月3日），如图3-6所示

"爷（婆），你们说啥咧？还认得额么？额是许凯！"这是视频中许凯和老人打招呼的常用方式，他总是用这种拉家常的方式和老人交流，问问老人今年的收成、孩子的近况等，老人也乐意和他分享自己的生活。在视频的最后，许凯一般还会做一件非常重要的事，那就是给老人拍一张照片，并将照片冲洗出来，放在定制的相框里，然后郑重地送给他们。这件事，许凯一做就是10年。直到后来他和老人聊天拍照的过程无意间被朋友录制下来，发到了抖音上，短短

图 3-6

一条视频就让他火遍了全网，网友们纷纷被这一温暖的举动所打动。他连续拍了两个多月视频，抖音上的粉丝就突破了百万大关。

案例二："大乐"，849.6万粉丝，获赞1.5亿（截至2022年3月3日），如图3-7所示

做善事，很多时候其实并不需要捐多少物品或多少钱，一杯水、一个西瓜、一件衣服、一床被子也可以帮助别人。大乐的账号就发布了很多做善事的视频。他帮助过很多人，有孤寡老人、留守儿童、环卫工人、流浪汉等。他的视频一发出，总是可以引起很多人的共鸣，从而吸引了数百万粉丝。他的账号也与抖音上众多搞笑类账号形成了差异，找到了自己独一无二的调性。

图 3-7

3.1.4 强化内容的互动性及参与性

抖音的推荐算法是在完播率良好的情况下，视频的互动率越高，抖音对该视频的推荐量就越高，视频上热门的潜力也就越大。所以在做选题策划时，强化内容的互动性与参与性是非常重要的。那么，具体该如何做呢？可以从以下3个方面着手。

1. 提高点赞率

用户给一条视频点赞，是因为觉得这条视频的内容有趣、有用，或者让人感动，想收藏。所以点赞率越高，越能反映用户对视频内容的认可和喜爱。

提高点赞率的第一个办法是在视频中加入一些提醒或拜托用户点赞的文案，比如"听说点赞的人都会一夜暴富"，如图3-8所示。用户看到这句话时，一般都会选择给视频点赞，因为点赞行为的成本非常低。当然，前提是视频不能粗制滥造，要能够为用户提供价值。

第二个办法是通过视频的标题引导用户点赞。比如，如果视频的主题是"关于皮肤的健康科普"，

那么标题就可以这么写"皮肤科医生的常用 建议点赞收藏",如图 3-9 所示。只要视频内容有价值,用户就很有可能为视频点赞。

2. 提高评论率

当一条视频让用户产生好奇、赞同、反对或者想吐槽的情绪时,用户就有可能在评论区留言。评论可以在很大程度上反映出用户对视频的态度和观点。

创作者可以在视频的中间或结尾处加入一些引导留言的文案,比如"你们知道这是为什么吗?""你们男生都这样吗?",多用疑问句,提出互动性强的问题,让用户感兴趣,这样他们自然就会在评论区留言。

图 3-8

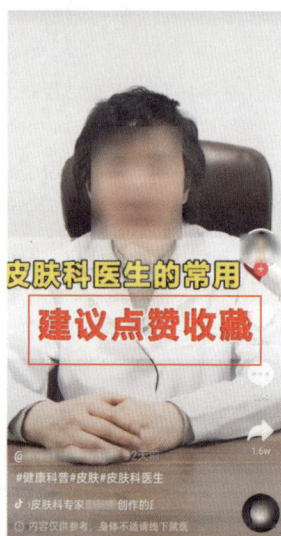
图 3-9

账号"施阳哥"有一期视频讲的是,施阳遇见一个女孩正在开他家的门,他上前一问,女孩就走了。施阳觉得女孩很奇怪,刚要进门,却想起了女孩说的话,突然就跑了出去。在视频的结尾处,他抛出了这样一个问题:"你们猜施阳想到了什么?"结果这期视频的评论量飙升,达到了 8.6 万(截至 2022 年 3 月 4 日),如图 3-10 所示。

3. 提高转发率

视频的转发率越高说明视频的价值越高,视频被用户认可的程度也越高,因为用户转发视频的行为是建立在喜欢、认可视频内容的基础之上的,用户只有喜欢、认可视频,才会愿意把视频分享给身边的朋友。

一般而言,在运营者创作出对用户有用的内容时,用户如果觉得用得上,自然就会转发分享。比如,当用户"刷"到一条关于养生的视频,觉得它对父母很有用时,用户就会把视频分享给他的父母。或者当运营者创作出有感染力的内容,让用户对视频内容产生了情感共鸣时,用户也会主动分享。比如,当用户"刷"到一条视频,被感动得痛哭流涕时,用户自然会想把它分享给身边的朋友。

图 3-10

3.2 选题来源:怎样找到优质选题

为什么很多人在运营抖音账号的时候,发了几条视频之后就不知道该发什么内容了,从而导致视频播放量有减无增?主要原因就是没有做好选题工作,没有搭好内容框架,所以经常拍着拍着就不知道该拍什么了。下面将介绍一些寻找优质选题的方法，让运营者不再为内容发愁。

3.2.1　在微博寻找热门话题

微博是热门话题的一个主要来源。打开微博，查看当前热搜榜，除此之外，还有文娱榜、要闻榜、同城榜，如图 3-11 所示。

微博对热门话题的敏感度非常高，很多热门话题都来源于微博。所以通过微博，运营者可以快速收集热门话题，再结合账号定位确定选题，输出内容。

这个方法适合娱乐和明星八卦类账号使用，因为微博作为明星粉丝的聚集地，往往拥有娱乐方面的最新资讯。

3.2.2　在知乎寻找专业知识

知乎是一个问答社区，也是一个原创内容平台，这里聚集了科技、商业、影视、时尚、文学等各个领域的专业人士，可以让人们更好地分享知识、经验和见解。

对于运营者来说，尤其是知识类账号的运营者，知乎无疑是寻找专业知识最好的平台之一。

例如，如果选题是"生活小妙招"，运营者就可以直接在知乎搜索

图 3-11

关键词"生活小妙招"，然后就会看到知乎有很多关于这方面的内容，如图 3-12 所示。而且在知乎搜索时还可以进行内容筛选，运营者可以根据自己的需求选择"最多赞同"的内容，或者一天内、一周内、一月内发布的内容，如图 3-13 所示。

此外，运营者对账号所涉及的领域里的一些专业人士要密切关注，因为很多时候是可以从这些专业人士处获得相关领域的最新资讯以及对一些问题的专业解读的。

图 3-12

图 3-13

3.2.3 在抖音关注实时热榜

抖音实时热榜汇集了当前全平台最热门的内容，运营者可以通过实时热榜了解当前用户最关注的内容，一旦遇到与自己相关的话题，就可以快速借势宣传，而借助了热点的视频会更容易获得流量。

1. 热点小助手

打开抖音，搜索"热点小助手"，点击进入按钮，可以查看抖音更多热门榜单，如挑战榜、同城榜、社会榜、娱乐榜等，如图3-14所示。

2. 巨量算数

打开抖音，搜索"巨量算数"，点击进入小程序，就可以查询抖音实时热点，如图3-15所示。

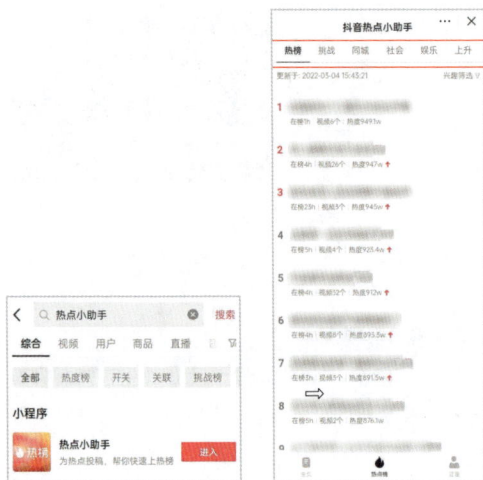

图 3-14

图 3-15

3.2.4 利用百度查找各类资源

百度旗下的产品种类十分丰富，如百度百科、百度文库、百度贴吧、百度新闻、百度指数等，用户在百度可以很便捷地查找自己需要的信息。

1. 百度百科

百度百科是百度推出的一部网络百科全书，收录了超2600万个词条，涵盖了绝大部分知识领域，可以从不同层次满足用户对信息的需求。图3-16所示为百度百科首页。

图 3-16

2. 百度文库

百度文库是百度发布的供网友在线分享文档的平台。百度文库中的文档由百度用户上传，需要经过百度的审核才能发布，网友可以在线阅读和下载这些文档。百度文库中的文档涵盖了教学资料、考试题库、专业资料、公文写作、法律文件等各个领域，如图 3-17 所示。

图 3-17

3. 百度贴吧

百度贴吧是百度旗下的中文社区。百度贴吧是基于搜索引擎建立的一个在线交流平台，它将对同一个话题感兴趣的人聚集在一起，以便他们展开交流。百度贴吧还是一个基于关键词的主题交流社区，它与搜索引擎紧密结合，能准确把握用户需求。百度贴吧涵盖了娱乐明星、体育、小说等方面，如图 3-18 所示。

图 3-18

4. 百度新闻

百度新闻是百度推出的中文新闻搜索平台，新闻源包括500多个权威网站，用户可以在平台上查看新闻事件、热点话题等海量新闻资讯，百度新闻首页如图 3-19 所示。而且百度新闻保留了自建立以来所有的新闻，这有助于运营者掌握整个新闻事件的发展脉络。

图 3–19

5. 百度指数

百度指数是以百度海量用户的行为数据为基础的数据分析平台，是当前互联网乃至整个大数据时代最重要的统计分析平台之一。百度指数的主要功能模块有基于单个关键词的趋势研究（包含PC+移动趋势、PC趋势、移动趋势）、需求图谱、人群画像；基于行业的整体趋势研究、地域分布、人群属性、搜索时间特征等。

运营者可以通过百度指数搜索关键词，从而知道某个关键词在百度的搜索规模有多大，一段时间内搜索指数的涨跌态势，相关的舆论变化，以及关注这个关键词的用户有什么特征、分布在哪里、同时还搜了哪些相关的关键词。利用百度指数查看某个关键词的搜索指数的操作路径如图 3–20 所示。

图 3–20

3.2.5　在音频平台上收集各类音频

目前，音频类 App 也是很受欢迎的一种娱乐软件，上面有非常多的音频内容，涉及娱乐、财经、教育、法律等多个领域。

知名度较高的有声平台有喜马拉雅、荔枝、猫耳 FM 等，其中还包括音乐 App 的电台分类。运营者可以在平台上查找热门或与自己账号主题相符的音频内容，从中寻找灵感。

例如，打开荔枝 App，在"热门"一栏，可以查看当前最受欢迎的文章，或者搜索"抖音运营"这类关键词查找文章，如图 3-21 和图 3-22 所示。

图 3-21

图 3-22

3.3 短视频脚本：掌握"爆款"内容的创作公式

脚本是视频的拍摄大纲，可以用来指导视频拍摄和后期制作，帮助创作者统筹全局。短视频虽然时长短，内容相对比较简单，但是拍摄和剪辑时也离不开脚本。短视频的脚本大致可以分为 3 种类别，即拍摄提纲、分镜脚本和文学脚本。

3.3.1 拍摄提纲：列举拍摄要点

拍摄提纲一般是指短视频的拍摄要点，在大多数情况下，它只对拍摄起提示作用。拍摄提纲一般包含以下 5 个部分。

➲ 选题阐述：明确短视频的选题、主题和立意以及主要的创作方向。

➲ 视角阐述：阐明表现事物的角度，明确视频的切入点。

➲ 体裁阐述：阐述不同体裁的短视频的创作要求、创作手法和表现技巧。

➲ 风格画面：明确创作环境是轻快的还是沉重的，短视频的色调、影调、构图、用光如何安排等。

➲ 节奏阐述：阐述外部节奏和内部节奏要如何把握。

3.3.2 分镜脚本：凸显创作细节

分镜脚本相当于整个视频的制作说明书，内容十分细致，包括每个镜头的时长、每个画面的细节等。分镜脚本的创作过程就是把视频情节转换成镜头的过程，创作者要让每一帧画面都在自己的掌控之中，看到它就像看到真正的视频画面一样。分镜脚本相较于拍摄提纲要详细得多，它可以作为前期拍摄的脚本，也可以作为后期制作的依据，甚至还可以作为视频时长和经费预算的参考，一般用于故事性较强的短视频创作。

分镜脚本主要包括镜号、画面内容、景别、拍摄技巧、时长、机位等内容，示例如表3-1所示。

3.3.3 文学脚本：理清创作思路

文学脚本是在拍摄提纲中增加更多细节内容，方便进行拍摄。它不像分镜脚本那么细致，一般适用于故事性不那么强的短视频创作，如vlog、美食探店类和好物分享类短视频。

文学脚本只需要确定人物需要做的事情以及文案、拍摄技巧等，如表3-2所示。

表3-1

镜号	景别	拍摄方法	时长	画面	解说	音乐	备注
1	大全景	卡住艺术楼，虚化背景，机器固定	2秒	仰拍艺术楼，空镜头。暖色色调	主持人旁白："下面请欣赏电子系师生为大家带来的《那些花儿》"	无	淡出
2	中景	卡住小明	3秒	小明站在舞台前		静场	小明正居镜头，舞台背景温馨和睦
3	全景	镜头由小明转向第一排的老师们，最终卡住老师们	4秒	老师们对学生做了个加油的手势		静场	画面对称式构图
4	近景	卡住小明，虚化背景，机器固定	3秒	小明点点头，深吸一口气，开始了手语操表演		那些花儿	切镜头，转场
5	大全景	卡住艺术楼，虚化背景，机器固定	2秒	艺术楼前，背景为图文楼，黄色回忆色调		那些花儿	画面构图饱满，光线使用强光
6	中景	卡住小明，前跟镜头	4秒	小明刚到学校报到，拖着行李箱，肩上扛着学校发的床铺包		那些花儿	画面构图饱满，光线使用强光

表3-2

制作三明治	画面：打开冰箱 运镜：固定镜头	文案：早上好！现在是早上七点，突然想吃三明治了，正好冰箱里还有一些火腿，那就做个鸡蛋火腿三明治吧
	画面：拿出食材 运镜：固定镜头	
	画面：处理食材 运镜：固定镜头	
	画面：制作早餐 运镜：固定镜头	
制作西瓜汁	画面：切西瓜 运镜：固定镜头	文案：然后再榨杯西瓜汁，这是我夏日的必备饮品
	画面：榨汁 运镜：固定镜头	
	画面：将食物导入杯中 运镜：固定镜头	
吃早餐	画面：摆盘 运镜：固定镜头	文案：美好的一天要从早餐开始呀
	画面：品尝食物 运镜：固定镜头	
……		

3.4 短视频标题与文案的创作技巧

图 3-23 展示的是抖音短视频的标题，其是短视频的一个重要组成部分。一条短视频能不能被准确地推荐给对其感兴趣的用户，用户是否愿意点进来观看这条短视频，很大程度上都取决于标题够不够好。那么，一个好的标题都有什么特点？如何才能写出一个好标题？这中间又有什么规律可循？这些是运营者必须思考的问题。

3.4.1 一个好的短视频标题的特点

1. 字数少

抖音短视频的标题一般有 15～20 个字符，展现在手机上就是 1～2 行，最多不超过 3 行。因为标题的字数太多，文字挤在一起，会影响视觉效果，也不方便用户获取重要信息。

2. 口语化

在抖音短视频的标题中，书面语言很少，口语比较多，符合聊天的特征，给人一种拉家常的情景感。所以用户经常可以在标题中看到诸如"你学会了没""你知道吗"这些特别接地气的词句。

3. 句子类型丰富

抖音短视频的标题使用的句子类型非常丰富，陈述句、疑问句、祈使句、感叹句等各种句子类型都很常见，甚至还有组合使用的，如感叹句加疑问句、陈述句加疑问句等，一条美食类短视频的标题就是"豆腐这样做，简单又下饭，你学会了没"。

4. 简要

抖音短视频的标题一般都简明扼要、直抒胸臆。比如"小个子穿搭指南"，标题就直接告诉了用户这条视频讲的是什么。因为抖音的视频展示形式类似于信息流的形式，对内容不感兴趣的用户看一眼就不会看了，他们没有时间仔细查看标题信息，因此标题不能太过复杂，一定要简明扼要，将重要信息直接传达给用户。

图 3-23

3.4.2 短视频标题的创作技巧

无论做什么，好的办法总能达到事半功倍的效果，标题写作同样如此，下面将给大家分享标题的 10 种创作技巧。

1. 方式方法型

这类标题在一些知识或经验分享类的视频里用得比较多，标题中一般含有量词，最常见的句式就是"XXX 的 X 个方法""X 个 XXX 的小建议"。

- ➲ "养成这 3 个好习惯，改掉拖延症"
- ➲ "5 个科学权威的高效学习法"
- ➲ "5 个社交小建议，让你化被动为主动"

这类标题充分利用了用户的求知和好奇心理，比如，当一个用户正为如何背单词而发愁时，刚好刷到一个标题为"3个快速记单词的小妙招"，那么他大概率会点进去观看这个视频，如果看完觉得有收获，可能还会点赞收藏。

2. 共情共鸣型

共情共鸣型标题可刺激、唤起用户的某些情感需求，令其产生共鸣。这类标题一般能触动用户，唤起用户感性的一面，从而吸引用户观看视频，提高视频的播放量，如图3-24所示。

➲ "人生短暂，合群不如合自己"

3. 直击痛点型

在标题中直接点出用户的痛点，吸引用户点击观看视频，然后在视频中对痛点进行解读，这样可以刺激用户评论、转发视频。

➲ "婆媳之间发生矛盾，儿子应该向着谁？"

该标题直接点出了一个很多用户都很关心的话题——婆媳矛盾。无论是正处在婚姻当中的用户，还是马上要步入婚姻的用户，抑或是妈妈、婆婆辈的用户，多多少少都会对这个话题感兴趣，因为大多数家庭都会遇到这个问题，所以这样的标题不仅可以提高视频的完播率，还可以刺激用户去评论和转发视频。

图 3-24

4. 怀疑肯定型

这类标题一般会提出疑问，引导用户带着疑问去观看视频，然后在视频中找到肯定的答案。

➲ "牛魔王竟然打败了孙悟空？"

众所周知，牛魔王是打不过孙悟空的，对于这样一个标题，用户就会怀疑或者好奇这是不是真的，并带着这种怀疑或好奇的心理看完视频。

5. 高占比参考型

"99%的人都不知道……""10个有9个都……"，你看到这种句式时的第一反应是什么呢？是就想看看是什么东西，还是思考为什么别人不知道，抑或是好奇自己会不会知道？所以用户很容易被这种高占比参考型标题吸引，进而点开视频。

➲ "安全带的作用，99%的人都不知道，你还别不服"

➲ "新型中奖诈骗，99%的人都会上当"

➲ "《西游记》的惊天秘密，99%的人都不知道"

6. 绝对肯定型

这类标题经常会用到如"我保证""肯定""一定"之类的词句，用户看到这类标题时，通常就会想知道到底是什么方法，从而点击观看视频。

➲ "看懂这个视频，保证你脱单"

7. 时间延续型

这类标题不仅适合那种会持续输出相同类型的视频内容的账号使用，而且适用于各行各业，它会直接告诉用户，视频是延续的，并引导用户去查看主页里的其他视频。

➲ "我相亲后的第101天"

➲ "徒步云南的第121天"

➲ "30岁倒计时131天"

8. 必备技能型

在撰写这类标题的时候，一般都要加上"必须""一定"之类的带有肯定语气的词语，从而给用户一种暗示：你要想XXX，就一定要具备这些条件，而要想具备这些条件，就需要看这条视频。

➲ "要想保持身体健康，必须远离垃圾食品"

9. 独家揭秘型

运营者可以选取一些用户可能感兴趣却不了解原理的现象，或者非常想解决但又轻易解决不了的问题，然后直接在标题上抛出来。这类标题非常适合一些发布知识分享类视频的账号使用。

➲ "下雨时蚊子会被雨滴砸死吗？"

➲ "重拳出击揭秘，那些骗了你好久的伪知识"

10. 解决问题型

这类标题会直接抛出一个很多用户都感兴趣的话题，比如健身、育儿等，吸引用户观看视频，视频将给出解决办法，告诉用户该怎么做。

➲ "如果孩子真的沉迷于游戏，你可以这样做！"

抛出"孩子沉迷于游戏该怎么办"这个家长都会感兴趣的问题，家里有小孩子的用户看到这个标题，绝大部分都会点击观看视频，而且只要你的视频给出了合理的解决办法，很多用户还会愿意转发你的视频给身边的朋友。

3.4.3　短视频热门文案的特点

1. 理解门槛低

一般"爆款"短视频文案都有一个特点——理解门槛低，或者说绝大部分爆火的事物都存在这个特点。所以一条任何人都可以看懂的短视频，就很有可能会成为"爆款"，因为其传播成本非常低，理解门槛也低，并不是只有特定的人群才能够观赏。

2. 引起共鸣

一条短视频只有让用户产生共鸣，才有可能成为"爆款"。一般而言，共鸣可分为两种类型：正向共鸣和反向共鸣。正向共鸣是指别人对你的认同，反向共鸣是指别人对你的不认同。认同会带来价值，不认同会带来争论，两者都容易引发热议，从而提升话题热度和产生"爆款"视频的概率。

3. 快、准、狠

短视频文案非常忌讳长篇大论，3个字能说完的事儿就不能用5个字去说，因为人们在一条短视频上花的时间是非常有限的，没有那么多的精力去慢慢理解文案，所以一条"爆款"短视频的文案应当具备"快、准、狠"的特点。

4. 持续"高能"

"高能"是指文案亮眼、吸睛，让人一眼就能知道其要表达什么内容。不过，这需要文案人员有大量的知识储备，输入的知识浓度决定了输出的价值高度。

3.4.4　短视频文案的创作技巧

短视频文案的创作技巧有很多，下面介绍3个非常简单且容易上手的文案写作公式。

1. 公式一：用户痛点+解决方案

例如，"怕上火喝王老吉"，其中"怕上火"是痛点，"喝王老吉"是解决方案；"得了灰指甲，一个传染俩，问我怎么办？赶快用亮甲"，其中前两句是痛点，后两句是解决方案。这个公式同样可以用来创作短视频文案，比如某博主发布的如图3-25所示的教自拍的短视频文案，首先抛出用户的痛点"拍照不上镜"，然后给出解决方案，教给用户四个拍照上镜的小技巧。

类似的案例还有很多，如果你是美食博主，教做美食的，就可以写"做菜不好吃，试试这三招，简单又实用"，然后给出3个具体的做菜小技巧；如果你是教穿搭的，就可以写"羽绒服穿起来太臃肿，教你4个明星搭配公式，显高又显瘦"，然后给出4个羽绒服的搭配方案；再比如，你是摄影师，教别人手机摄影的，可以写"自拍颜色不好看，直接用滤镜，太假怎么办？给你一份好用的调色参数清单"，然后给出一分具体的参数列表……这个文案公式适用于各行各业的视频。

图 3-25

2. 公式二：开头抛出问题（设置悬念）+中间讲故事（案例）+结尾表达个人观点或引导互动

这个公式尤其适合用来创作vlog和个人经历分享类视频。比如某博主发布的如图3-26所示的视频文案，开头就抛出问题，设置悬念"在一起十六年是种怎样的体验"，让人忍不住看下去，去寻找答案；中间讲故事，结合自己的亲身体验陈述事实，同时通过日期和细节描述增强说服力和感染力，如图3-27所示。

图 3-26

图 3-27

这种结构的文案有一个好处，就是在开头设置悬念，或者提出问题"你知道……"，一句话就精准地筛选了目标用户，还吸引了他们的注意力，留住了感兴趣的用户。

而且这种结构的短视频文案，在结尾表达观点之后，还可以再抛出一个问题，如"你同意我的观点吗？欢迎在评论区留言""你觉得……评论区留言"等，以引导用户互动。

3. 公式三：结果前置＋证明结果＋结尾给出独特的观点或剧情反转

如图 3-28 所示的视频，开头便将结果前置，"那有一架钢琴特贵，信不信我在这么多人面前给你露一手"是结果，然后就是去弹钢琴的过程，紧接着剧情反转，其实是为了找工作。

图 3-28

截至 2022 年 8 月 22 日，这个视频已经获赞 88.5 万，评论量达 3.2 万，收藏量达 2.0 万，转发量达 2.0 万，各项数据都非常好。

制造各种反转可以说是剧情类视频的最佳"涨粉"利器，比如这篇文案："钥匙是非常实用的小工具，它可以让你一次性把所有钥匙都丢光。"前一句符合正常人的思维逻辑，后一句就是反转。反转出来了就提供了话题，也更有趣。如果运营者的文案有反转，让人意想不到，那么它会让整个视频更有趣。

第4章

新手上路：
抖音之路第一步

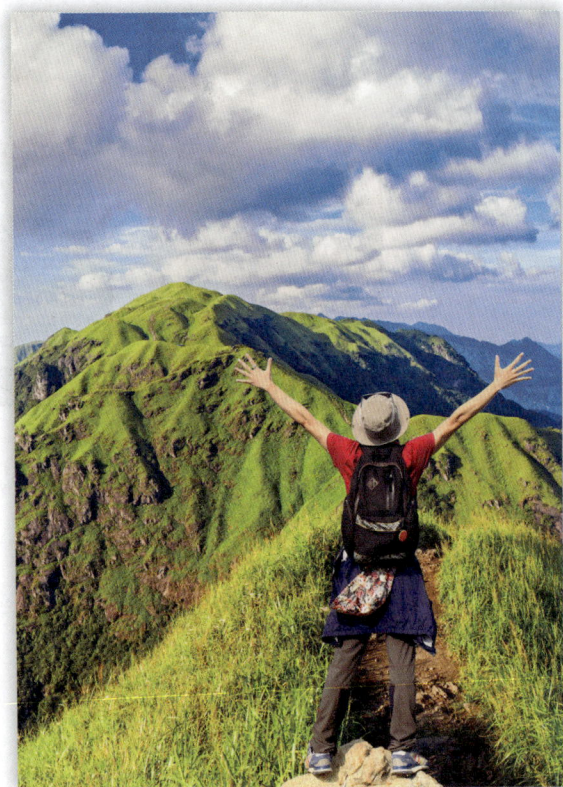

　　如今短视频越来越火爆，很多人都想运营抖音账号，但有很多刚刚接触抖音的新手，不知道运营抖音账号到底要从哪方面开始，又有哪些需要注意的事项。

　　本章将分别从抖音账号注册、抖音的运营规则以及抖音账号体系3个方面，来阐述运营抖音账号的第一步。

4.1 账号注册：让账号自带流量

用户大多利用碎片化时间快速浏览抖音视频，那么试想一下，用户浏览到某条视频的时候为什么会停下来。他停下来的根本原因，是他被他所能看到的表面的内容吸引了，这些表面的内容包括视频的封面标题、整体数据，以及账号对外展示的内容，如名字、头像等，如图4-1所示。

图 4-1

4.1.1 注册并登录抖音账号

1. 下载与安装

打开手机上的软件商店，下载并安装抖音。

2. 注册与登录

安装完成后，打开抖音，出现的第一个界面就是"刷"视频的界面，此时需要点击屏幕右下角的"我"，如图4-2所示，进入登录界面，如图4-3所示。如果用户需要使用其他登录方式，可以点击"一键登录"按钮下方的"登录"，即可跳转至手机号登录的界面，如4-4所示，在界面中点击"其他方式登录"，下方将会出现"今日头条""QQ""微信""微博"的图标，用户点击图标之后即可授权登录，如4-5所示。

图 4-2

图 4-3   图 4-4   图 4-5

4.1.2 认证：包装让账号更专业

用户要想在抖音占有一席之地，只注册账号和发布视频还不够，必须要去进行认证，这样才能获得一定的身份。用户可以在抖音的"设置"界面点击"账号与安全"，选择"申请官方认证"，可以看到如图 4-6 所示的几种认证类型。

用户可以根据自己的情况选择合适的认证类型，这里以"优质创作者认证"为例。点击进入，选择适合自己的认证领域后就会发现，进行个人认证需要满足以下 5 个条件。

图 4-6

> ➲ 实名认证
> ➲ 绑定手机号
> ➲ 近30天发布作品数 ≥ 3
> ➲ 粉丝量 ≥ 10000
> ➲ 近期账号无违规记录，且未发布低质/非原创内容

如果已满足以上认证条件，点击"下一步"提交申请即可。申请之后需要等抖音官方的审核，只要你的资料属实，审核会很快通过的。审核通过之后个人主页里就会显示官方认证的身份了，个人认证会显示一个黄色的 V 图标，企业与机构认证显示的是蓝色的 V 图标，如图 4-7 所示。

为什么一定要进行官方认证呢？因为对于同样的视频，认证过的账号和没有认证的账号发出去的效果差距是非常大的。那为什么会出现这种情况呢？因为抖音在

图 4-7

分配流量的时候是会参考账号权重的。

4.1.3　名字：让用户轻松记住你

账号名字相当于品牌标志，一个好名字可以让你的账号与其他账号区别开来，在用户心中留下独特印象。比如提到网购，人们就会想到淘宝和京东；提到外卖，人们就会想到饿了么和美团。

对于抖音运营者来说，如果账号名字让用户觉得记忆困难，不容易理解，那么传播的成本就会增大，这样也不利于后续的"引流"及电商、直播和广告的变现，可见，取个好名字是很重要的。

一个好的账号名字一般具备以下3个特点。

1. 记得住

给账号取名的目的主要是方便用户称呼，快速让用户记住，以及与其他同类型的账号区别开来。所以名字一定要通俗易懂，朗朗上口，最好不要包含深奥的字词，比如"小胖爱吃肉""苏小小""无糖奶茶"等。

2. 好理解

账号名字要与账号的特征相符，应当让用户一看到账号名字，就能知道这个账号发布的是哪类内容。比如有个抖音账号叫"办公室小野"，这个名字就非常符合其定位，因为该账号发布的视频内容是利用办公室里的工具来做美食；还有"浩天脱口秀"，用户一看就知道该账号是发布脱口秀视频的。

3. 好传播

记得住、好理解解决的是识别问题，好传播才是一个抖音账号成长的关键。一个好传播的账号名字，最重要的是能够让用户产生联想，这样才容易在用户的心里留下属于它的印象。比如"饿了么"这个名字就非常容易让人产生联想，大家平时随口一句"饿了吗？"，就能让人联想到这个平台。

在抖音设置名字也非常方便，刚注册的用户进入"我"界面，在"点击填写名字"的提示处直接点击填写，然后点击确认即可。操作路径如图4-8所示。

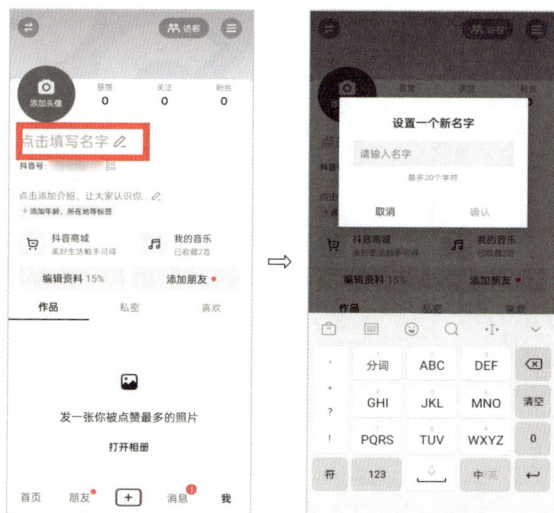

图4-8

若后期要修改名字，可以进入"我"界面，点击"编辑资料"进入相应界面，选择"名字"一栏，删除以前的名字，然后输入新的名字，最后点击"保存"即可。操作路径如图 4-9 所示。

图 4-9

4.1.4　头像：第一印象很重要

好的头像也可以快速给人留下深刻的印象，所以设计一个好的头像是至关重要的。

用户可以直接在"我"的界面点击"添加头像"。添加头像有两种方式，分别是"从相册选择"和"拍一张"，如图 4-10 所示。

头像设置的技巧如下。

◐ 头像要根据账号的风格来确定。比如，如果是真人出镜类账号，建议使用出镜人的形象照，这样粉丝会对账号博主有更直观的认知，产生更强的信任感；如果账号定位于某个垂直领域，那么头像就要跟该领域相关。

◐ 头像一定要简洁清晰，尽量避免使用人像的局部或者远景人像，也不要用杂乱的场景图像。

◐ 文字头像尽量不要超过 6 个字。

◐ 头像和名字要有关联，保持统一的风格。

图 4-10

4.1.5　简介：自我展示很重要

简介应当简单明了，切记不要写得高深莫测，最好让人一眼就能看明白要表达什么，并且要和账号的人设风格保持一致。简介的主要内容可以是"描述账号 + 引导关注"。

图 4-11 所示的账号"生活小妙招"的简介是"带你了解更多生活小妙招　不想要的东西还可以变为宝贝　关注我　一起热爱生活"。用户点进去一看就知道这个账号是发布哪类视频的，有需要的自然就会关注。

一般而言，简介的设置技巧如下。

◐ 第一句描述账号特点或功能，后半句引导关注，注意，一定要加入关键词"关注"。

◐ 简介可以用多行文字，但排版一定要工整，次序分明，注意视觉效果。

◐ 简介还可以用来发布一些公告，如直播时间、官方辟谣、态度说明等，等后期积累了一定的粉丝量后还可以发布"引流"、合作信息。

图 4-11

4.1.6 头图：暗藏"吸粉"小心机

头图就是账号主页最上方的背景图片，它看似不起眼，却能很好地展示账号特点。如果想要让别人一看就能了解自己账号的特点，就可以设置比较有吸引力的背景图片。

1. 头图的作用

○ 打造个人形象IP，加深IP在用户心中的印象。比如很多艺人的抖音账号都用自己的头像来做头图，这样可以让别人一眼就认出自己的账号，也起到了宣传作用。

○ 进行二次介绍，比如对账号的补充说明、人设介绍、活动通知等，其展示效果要比个性签名好很多，可以经常更换。

○ 引导用户关注。头图可以利用有趣的图案或话术给用户某种心理暗示。

2. 如何设计头图

○ 真人出镜，就是头图中要有视频中的主角，如图 4-12 所示，让他/她成为账号的标志。要注意使用好看的高清形象照，也不用添加过多的文字或其他装饰。

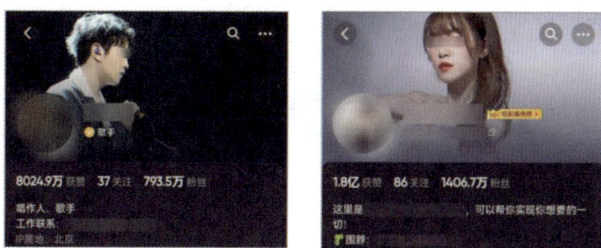

图 4-12

○ 在头图里通过文字再次进行自我介绍，完成对账号简介的补充说明，或者添加账号的重要信息，如图 4-13 所示。

图 4-13

○ 引导关注，就是直接在头图中写上"关注我""一键关注"之类的话语，如图 4-14 所示。如果用户刚好对该账号发布的内容感兴趣，这样做确实有助于"涨粉"。

图 4-14

3. 设置头图的注意事项

⊃ 官方给出的示例图片的尺寸是1125px×633px，实际上默认显示的高度只有400px左右，超过的部分只有往下拉才能看到，所以在设置头图的时候，最好把想要传达的信息放在头图中央。

⊃ 头图颜色要与头像颜色相呼应，与账号的风格相统一，要美观且有辨识度。

⊃ 要注意头图的清晰度，避免出现上传之后看不清人物、字体等情况，建议在设置之后在手机上检查一下效果。

⊃ 头图最好能展示出账号定位，要与账号定位相吻合，二者不能出现风马牛不相及的情况。

4.2 了解规则：账号运营的关键规则

用户该怎么正确地运营抖音账号，甚至让它带来一笔不菲的收入呢？首先，用户需要对抖音的运营规则进行深入的了解。本节将详细讲解抖音账号运营的关键规则。

4.2.1 正确理解"养号"的概念

一提到"养号"，很多用户可能都会很疑惑，到底什么是"养号"呢？简单来讲，"养号"就是通过一些操作来提升抖音账号的初始权重。

抖音会根据账号的权重给予其一定的推荐量，账号权重越高，获得的推荐量自然就会越多。此外，抖音为了将精准流量分配给优秀的内容创作者，会从不同维度对一个账号是否正常进行检测。而"养号"的目的就是要告诉抖音，你的账号是一个正常的账号。

那么运营者该如何"养号"呢？可以从图4-15所示的5个方面着手。

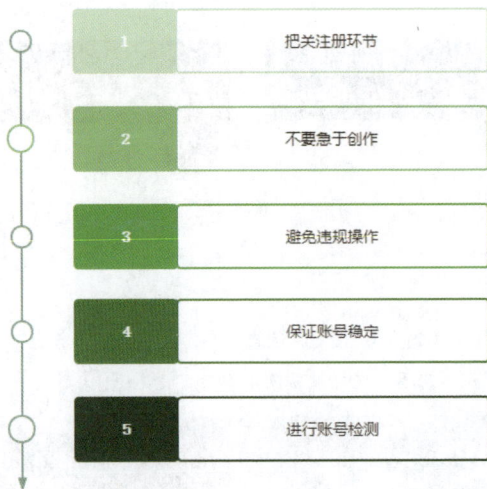

1	把关注册环节
2	不要急于创作
3	避免违规操作
4	保证账号稳定
5	进行账号检测

图 4-15

1. 把关注册环节

"养号"这项工作并不是只有在账号注册完成后才可以开始，事实上，运营者在注册账号的时候就可以开始留意了。首先，抖音目前已经不支持用相同的手机号去注册多个账号了。其次，在填写账号信息的时候，运营者要做到以下几点：每一项都要正确填写，不能出现纰漏；账号信息的完整度越高，其权重往往也越高。另外，虽然运营账号的最终目的是变现，但也不能在一开始就去打广告。

2. 不要急于创作

许多运营者在注册账号之后，立刻就开始创作，发布视频。但是，这种行为是非常不利于"养号"的，会让自己的账号很容易被判定为不良账号。所以，无论创作能力如何，运营者都不要在账号刚注册后就急着发布视频，要有耐心，先去关注几个自己感兴趣或与自身所处领域相关的账号，不过数量也不要太多。

以下几种行为也要注意避免：在短时间内关注大量账号，或高频率地在短视频下方回复简短的句子或直接发一个表情符号，并且操作完以后快速下线。这些行为即便真的是本人在亲自操作，也很容易被误判为是机器在操作。

所以，要想避免自己的账号被判定为不良账号，运营者就要先像普通用户一样进行正常的操作。但如果只是关注了一些账号，却没有与之互动，这对"养号"来说也是很不利的，因此运营者要适当地点赞、评论其他视频。

3. 避免违规操作

违规操作会给账号带来极大的伤害，这绝对是抖音运营的禁区。所以运营者千万不要心存侥幸，更何况抖音的监管力度正日益增大。

"养号"期间容易发生的违规行为如图 4-16 所示。首先，硬广肯定会被系统轻易地查出来，用新账号打广告是非常不理智的行为。其次，视频或头像中出现其他平台的水印是不被允许的。最后，"付费刷流量"也是不被允许的，抖音对此的惩罚力度也很大。

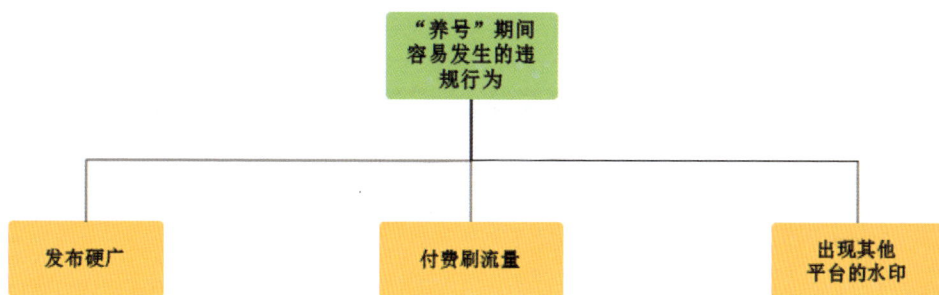

图 4-16

4. 保证账号稳定

抖音可以检测到账号的登录设备，如果登录设备变化频繁，系统就会认为其行为异常。另外，运营者如果已经组建了团队，最好安排一位团队成员专门负责新账号的运营，这个成员需要做的就是用固定设备"刷"短视频，增加在线时长，不过也不需要全天在线。新账号注册后的那几天是非常关键的，运营者在这几天里必须保证账号不出现任何异常，否则将前功尽弃。

5. 进行账号检测

在准备发布视频的时候，不少运营者可能会有所顾虑：账号是否已经进入正常状态了？现在到了发布视频的时候了吗？需不需要再"养"几天？这些问题单靠猜测无法得到可靠的回答，运营者可以通过正规渠道进行验证。

运营者可以进入抖音的官方认证界面，如果能够正常打开，就说明账号目前的状态是正常的；反之则需要再"养"几天或换一个账号。在不是特别确定但确实已经用心"养"了几天账号的情况下，运营者也可以通过发布一条视频来检测，当然内容不能过于敷衍。如果视频在一定时间内的热度处于正常范围内，运营者就可以放心地进行后续操作了。

4.2.2　正确获得标签的办法

在抖音，标签就是系统对一个账号的认知，而抖音给一个账号的推荐量主要是根据用户及运营者标签进行匹配和分发的。所以，抖音账号标签就是根据内容领域和内容特征总结出的关键词，抖音会将其与账号绑定起来。

标签的最大作用就是帮助系统描述和区分内容，便于将其推送给具有相同标签的用户。这也是为什么当用户喜欢看娱乐明星类视频时，系统就会给他推荐娱乐明星类视频，而当用户喜欢看美食类视频时，系统就会给他推荐美食类视频。

所以对于运营者而言，标签化实际上也为运营提供了便利，因为运营者的最终目的无非是"涨粉"和变现，而系统根据视频类型给该视频贴上标签，并将其推荐给其他喜欢这类视频的用户，传播效率无疑会大大提升。而视频的标签越明显，其就越容易被系统推荐。

基于抖音视频标签的推荐算法，下面介绍3种正确获得标签的方法，如图4-17所示。

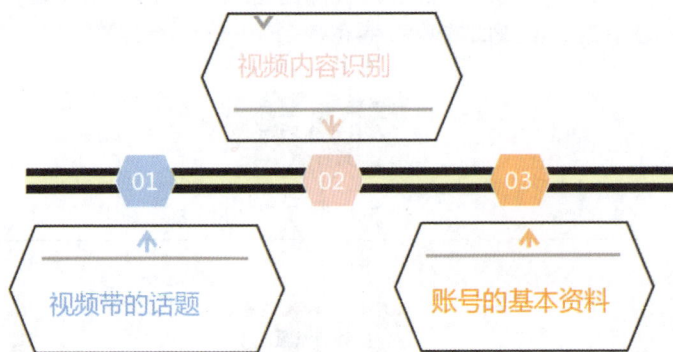

图 4-17

1. 视频带的话题

如果运营者在发布视频时添加了与娱乐相关的话题，那么系统就会根据添加的话题给视频打上标签，用户在"刷"视频时也能看到相应的话题。所以，运营者在发布视频时添加话题能够让系统更容易识别内容，这样当用户搜索相关内容时，系统就会将运营者发布的视频推荐给有相应需求的用户。

添加话题的操作：打开抖音，登录账号后，在主页面右上角"投稿"选项的下拉列表中单击"创作者服务平台"，选择要发布的视频，在描述视频时，可以点击左下角的"#添加话题"，然后输入关键词，如图4-18所示。

图 4-18

2. 视频内容识别

除了利用账号名字和话题给视频打标签以外，系统还能通过识别视频内容给视频打标签，比如识别视频中的文字、图片、声音等。例如，如果视频中带有"娱乐"等关键词或和娱乐相关的图片，如图 4-19 所示，那么系统就能够判断出运营者发布的内容与"娱乐"相关。当运营者上传视频时，系统就已经给视频打上了标签，并将视频归到娱乐领域。所以，运营者在发布视频时可以尽量添加与内容相符的关键词或图片，以便系统将自己的视频推荐给感兴趣的用户。

3. 账号的基本资料

账号的基本资料包括账号名字、头像、简介等，通过账号的基本资料，系统能够识别出视频属于哪个领域。例如，如果账号名字中有"娱乐"这个词或者与娱乐相关的词，简介也是关于娱乐的内容，认证的也是娱乐博主，如图 4-20 所示，那么系统就会根据该账号的基本资料将该账号发布的视频标记为娱乐类视频。在用户搜索与娱乐相关的视频时，系统就能够根据标签为用户推荐相关视频。这也是系统给视频打标签时使用的一种非常直接的方式，所以运营者在设置账号的基本资料时一定要紧扣账号的定位。

图 4-19

图 4-20

4.2.3　账号权重真的存在吗

很多运营者心里应该都曾有过这些疑问：为什么别人随便发一条视频都比自己精心制作的视频播放量高？为什么有的视频质量不怎么样还能被那么多人看到？这时他们往往都能听到这么一个回答：因为他们的账号权重比你的账号高啊。

但说到账号权重，相信很多运营者都会很疑惑。其实账号权重算是一个比较专业的名词了，并且抖音至今对账号权重也没有一个具体的说法，但是有经验的运营者都知道，账号权重是一定存在的。

1. 账号权重是什么

权重可以指某一因素或指标相对于某一事物的重要程度，其不同于一般的比重，体现的不仅仅是某一因素或指标在某一事物中所占的百分比，更强调该因素或指标的相对重要程度，类似于贡献度或重要性。通常，权重可通过划分多个层次指标进行判断和计算，常用的方法包括层次分析法、模糊法、模糊层次分析法和专家评价法等。权重还可以指贡献度或权利、大权。通俗来讲，权重就相当于评价，而抖音账号权重无非就是抖音这个平台对账号的评价。

2. 账号权重高的好处

最主要的也是运营者最关心的一点，就是账号权重越高意味着基础推荐量就越高。比如通常情况下，一个普通账号发的视频最初有200个用户的推荐范围，而高权重的账号可能就有2万个用户的推荐范围。视频如果质量还不错，则继续顺利地进入更大的流量池，从而获得更多的流量以及关注。

而要想获得更高的权重，首先，账号的资料要尽量完善，例如头像、账号名字、简介、个人认证、实名认证等。这些资料的完善有助于增加账号的权重，但如果想快速增加权重，还得靠热门视频，也就是要提高视频被推荐的概率，所以创作的重点还是要放在如何打造热门视频上。

不过，在抖音，降权重容易，加权重难，以下3点是运营者要特别注意的。

⊃ 视频违规账号会直接被降权。账号如果发布了违规视频，则会收到与视频相关的系统通知，然后会直接被降权。

⊃ 视频更新频率太低，账号也会被降权。此处说的是长时间断更，较短的时间间隔是正常的，账号也不会被明显降权。

⊃ 视频的质量和热度下降也会影响账号的权重。

4.2.4　账号运营的雷区有哪些

很多新手刚开始运营抖音账号的时候，对平台规则完全不了解，一不小心就会触到平台的红线，下面介绍一下抖音账号运营的几大雷区。

1. 违反内容营销规范

⊃ 植入硬性广告。

⊃ 出现联系方式向站外"引流"，如手机号、微信号、各种社群号等。

⊃ 长时间突出品牌。

⊃ 视频画面里产品品牌或logo占据焦点位置，时长超过4秒则算违规。

⊃ 吹捧性描述产品效果。

⊃ 夸大产品效果，比如"本产品保证瘦20斤，无效退款"。

2. 关键词违规

- 使用不文明用语，比如侮辱性词语。
- 使用诱导消费的词语，如"秒杀""疯抢"等。
- 使用涉及淫秽色情、赌博迷信、恐怖暴力等的用语。
- 使用涉及民族、种族、性别歧视等的用语。

3. 侵权

- 使用未授权的第三方的名字、logo、形象、图片、音频、视频等。
- 未经授权搬运站内外视频。

4. 违反未成年人相关规定

- 未成年人不能作为代言人拍摄商业营销内容。
- 未成年人可参与营销视频的拍摄，但不能单独出镜。
- 高风险行业（美妆、游戏、酒水、医疗、非处方药、皮草等）严禁出现任何未成年人相关元素。

5. 多次发布同一条视频

有些运营者喜欢通过多次发布同一条视频来提升"上热门"的概率，但其实这是很不明智的做法。第一，抖音有消重机制，重合度较高的视频会被限流。第二，大量重复的内容不利于账号的发展，也会影响粉丝的观看体验，从而造成粉丝流失。

6. "刷赞""刷粉"等违规操作

- 长期"刷赞""刷粉"会使运营者产生依赖心理，并且无法得到用户最真实的反馈。
- 这些操作会给账号带来一些"僵尸粉"，大大降低账号的粉丝活跃度。
- 互关互赞违背了抖音的流量逻辑，互关互赞时大多数人都不会看完整条视频，从而导致视频完播率很低，因而得不到抖音的大力推荐。

4.3　抖音账号体系详解

新手在注册抖音账号之前，先要了解一下目前抖音上的账号有哪些类别、各有什么特点，在此基础上再进行账号的调性设计，就能更好地把握平台趋势，保证账号赢在起跑线上。

4.3.1　"黄 V"账号、"蓝 V"账号与普通账号的区别

在抖音，除了普通账号外，还有两种账号，分别是"黄 V"和"蓝 V"，如图 4-21 所示。抖音上的"黄V"和"蓝V"与微博上的类似，都是一种特殊的身份标志。

1. 普通账号

普通账号利用手机号就可以申请，也是绝大多数用户使用的账号。

2. "黄 V"账号

"黄 V"体现的是抖音对个人能力和专业性的认可，可以说是抖音专门为领域达人和名人设置的，账号达到相应要求后，可以进行申请。目前抖音的申请条件是"实名认证＋绑定手机号＋近30天发布作品数≥3+粉丝量≥10000+相关领域的证明资料"。

图 4-21

3. "蓝 V" 账号

"蓝 V" 账号个人是无法开通的，它是抖音针对媒体、国家机构、其他组织等主体设置的一类账号。抖音为这类群体提供特殊的账号功能，以便视频内容获得大范围的传播。

⮑ 媒体包括报纸、杂志、电视、电台、通讯社或者其他以生成内容为主的组织。

⮑ 国家机构包括：中央及各地行政机关、行政机关直属机构、党群机关、参照《公务员法》管理的事业单位。

⮑ 其他组织包括工作室、社会组织等。

4. "黄 V" 账号、"蓝 V" 账号有哪些优势

❏ 更容易 "上热门"

完成认证后，抖音会自动评定账号为高品质账号，提高账号的权重，这样更容易实现 "涨粉"，"上热门"。

❏ 获得平台的强烈推荐

在获得认证后，账号就有了服务平台的 "真实身份"。账号的视频会获得抖音的优先推荐，更容易 "吸粉"。所以对于新账号来说，获得抖音认证有利于后续的运营推广或 "涨粉"。

❏ 视频审核更快

在认证后，系统审核视频的速度会更快，审核也更容易通过，这样更有利于抢占关注度，提前拥有话题的传播主动权。这是商家快速提高曝光度的方法之一，也是只要出现热门新闻，很多账号都希望抢先发布的原因。时间就是流量，发布时间的早晚对视频效果的影响是很大的。认证后能加快审核的速度，帮助运营者节省时间，收获更多流量。

4.3.2 为什么说大众对 "蓝 V" 账号的认知存在误区

"蓝 V" 账号相较于普通账号的优势主要体现在以下 3 个方面。

⮑ 第一，商家上传的宣传类视频极大可能被视为营销视频，存在封号的风险，但 "蓝 V" 账号经过认证，不受抖音广告营销评级的打压，承担的风险比普通账号则要小很多（一定不能发布涉及政府、保健足疗、宣传 "黄赌毒" 等内容的视频）。

⮑ 第二，普通账号发布的视频播放量少，很难 "上热门"，但 "蓝 V" 账号的曝光量是要比普通账号多很多的，所以拍摄的视频如果质量好，就很有可能 "上热门"，并且能吸引粉丝的关注。多发视频就可以吸引更多粉丝，粉丝多的话就有可能带来收益。

⊃ 第三，"蓝V"账号可以发布商家地址、联系方式，比起普通账号来说更方便营销自己的店铺或者公司。

由此可见，"蓝V"账号的优势非常大，但"蓝V"账号也有一个很明显的缺点，那就是很多用户看到"蓝V"账号时，会很自然地联想到广告账号。抖音是一个泛娱乐化的平台，几乎没有用户会想关注广告账号，这就造成了"蓝V"账号"涨粉"难、视频点赞量低的现象。所以即便"蓝V"账号可以发布广告且不被限流，但视频数据仍不理想，同样无法"上热门"，收获不了流量。

所以，"蓝V"账号的优点在于功能更强大，缺点在于用户印象较差。账号运营者如果是企业，就需要开通"蓝V"，便于账号平时更新广告视频，这样广告视频就不会被过度限流。但如果只是普通用户，开通"蓝V"的作用则并不明显。

第5章

视频拍摄：
"爆款"视频这样拍

　　如今，优秀的视频账号层出不穷，要想从中脱颖而出，则需要创作出足够优质的视频。本章将从器材准备、拍摄技巧、运镜等方面讲解如何创作出优质的视频。

5.1 器材准备：适合的才是最好的

新手可能很难在器材方面做出选择，因为手机和相机各有各的优点和缺点，而且在拍摄过程中可能遇到的问题还需要利用辅助工具进行处理。新手没必要追求专业器材，如果对于画面没有特别高的要求，高像素的手机便能处理好拍摄问题。所以新手在购买器材前，应当充分了解自己的需求，要知道适合的才是最好的。

5.1.1 手机：随拍随剪出大片

手机是生活中最常见的拍摄器材。在起步阶段，如果没有专业相机及相关附件，使用手机进行拍摄也是一个很好的选择。

手机使用方便且操作难度较低，可以随时进行拍摄。现在大多数手机都具有较高的分辨率，能满足日常拍摄需求。图 5-1 所示为用手机拍摄街景，在光线充足的情况下，手机也可拍出优质视频。在运用手机拍摄视频素材后，可以直接使用手机端剪辑软件进行视频剪辑，省去视频素材的转移步骤，便于快速出片。

关于手机的选择，建议从帧率、算法和存储空间3方面考虑。

1. 帧率

不同的帧率代表手机相机每秒记录的画面数量，如图 5-2 所示。常见的帧率为30FPS和60FPS，30FPS指手机相机每秒记录30幅画面，60FPS就是手机相机每秒记录60幅画面。因此，帧率越高，视频记录的信息就越丰富。

帧率为60FPS的视频在后期播放速度放慢50%也不会卡顿，这对于拍摄慢动作视频尤为重要，并且更高的帧率能够提供更大的后期剪辑空间。建议大家选择至少支持60FPS帧率的手机作为拍摄器材。

图 5-1

图 5-2

2. 算法

算法对于手机影像系统的影响很大。由于体积有限，手机的光学模块和传感器的性能自然无法和专业相机相比，所以手机只能通过算法弥补其在物理光学方面的先天缺陷。

各大厂商在手机摄影的硬件和软件算法方面都不断地升级换代，如果大家想要拍视频时能够得到算法的帮助，可以从各厂商的旗舰机型中进行选购。

3. 存储空间

更高的帧率和优秀的算法可使拍出来的视频包含的信息更多、质量更好，这类视频往往需要更大的存储空间。时长为1分钟的4K 30FPS的视频需要170MB左右的存储空间，时长为1分钟的4K 60FPS的视频需要400MB左右的存储空间，创作者拍几条几十分钟的视频素材往往需要几十GB的存储空间。另外，手机还需要存储照片素材、应用软件和其他文件，这些都会占用较大的存储空间。所以建议大家选择存储空间为256GB或者更大的手机。

综上所述，建议大家在自己所能承受的范围内，选购能拍1080P 60FPS的视频，内存至少为256GB的各大手机厂商推出的旗舰机型。

5.1.2　相机：专业画质性能强

如果想追求专业画质，购买单反相机是个不错的选择。单反相机的专业性和续航能力更强，并且镜头群数量多，适合专业的摄影师，以及对画质要求较高的用户使用。手机感光元件的面积远远小于单反相机感光元件的面积，所以其成像效果无法与单反相机的相比。并且，单反相机反应速度快，能在短时间内完成对焦，镜头选择也更多样。图 5-3 所示是专业的单反相机。需要注意的是，单反相机的参数设置和镜头配置对拍摄者都有着更高的专业能力要求，摄影初学者可能难以掌握拍摄技巧。

图 5-3

此外，如果觉得单反相机不方便携带，则可以考虑购买微单相机。微单相机是一类微型小巧且具有单反相机的性能的数码相机。图 5-4 所示是微单相机。

微单相机的特征就是在拥有小巧机身的同时还能提供专业的画质，它主要针对的是既想获得非常好的画面表现力，又想获得数码相机的便携性的用户。

图 5-4

5.1.3　三脚架：固定机位画面稳

无论是业余拍摄还是专业拍摄，三脚架的作用都不可忽视，如图 5-5 所示，特别是在拍摄一些固定镜头、特殊的场景以及进行延时拍摄时，使用三脚架可以很好地稳定拍摄器材，并能帮助拍摄者更好地使用一些推拉和横移的拍摄手法。

图 5-5

市面上有许多不同形态的三脚架，在常规三脚架的基础上，出现了一些创意工具，如壁虎支架和八爪鱼支架。它们除了具备稳定性以外，还因所用材料特殊而能随意改变形态，可以固定在诸如汽车后视镜、栏杆等物体上，如图 5-6 与图 5-7 所示，从而拍摄出视角独特的画面。

图 5-6

图 5-7

目前还有一些三脚架支持安装补光灯、机位架等配件，可以满足更多场景和镜头的拍摄需求，如图 5-8 所示。

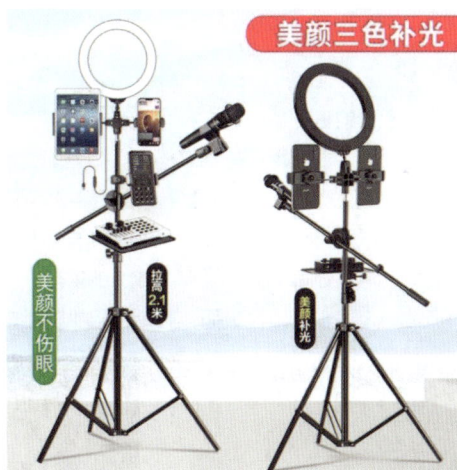

图 5-8

5.1.4　自拍杆：范围扩大画面广

在自拍时，因为人的手臂长度有限，拍摄范围有一定限制，如果想进行全身拍摄或者让搭档入镜，则需要自拍杆的辅助。它可以伸长和缩短，扩大了拍摄范围，而且方便携带，实用性强，价格也较低。

市面上的自拍杆可以分为两种：有线自拍杆和蓝牙自拍杆。有线自拍杆是通过耳机线与手机连接的，如图 5-9 所示，拍照时按下自拍杆上的按钮，就可以控制手机的音量键完成拍摄。有线自拍杆的操作简单，但耳机孔不能同时兼容安卓和 IOS 两个系统，使用时有局限性。

蓝牙自拍杆是通过蓝牙控制拍摄的，如图 5-10 所示。它比有线自拍杆兼容性更高，可作为三脚架使用。某些蓝牙自拍杆还有切换镜头、伸缩调焦等更为丰富的功能。

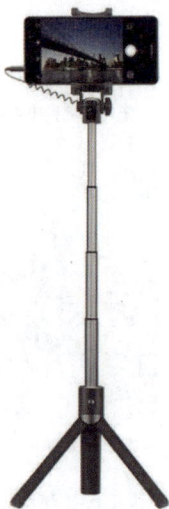

图 5-9

图 5-10

5.1.5　稳定器：炫酷运镜不可少

在拍摄中，最重要的就是保持画面的稳定性，在进行固定镜头拍摄时，利用三脚架便可以获得稳定的画面，但如果需要拍摄运动镜头，则需要利用手持稳定器来保持画面稳定。手持稳定器分为两种：手机手持稳定器和单反手持稳定器，如图 5-11 所示。这里重点介绍手机手持稳定器。手机手持稳定器已可以实现人脸识别、目标跟随自动转向、自动对焦、自动拍摄、360°旋转拍摄和拍摄360°全景影像等功能，加上手机相机强大的功能，可以让每个人都能完成专业的摄影。

单反手持稳定器也叫单反三轴稳定器，专业性极强，有单反相机的用户可以购买。

手机手持稳定器

单反手持稳定器

图 5-11

5.1.6 补光灯：补充光线造气氛

在室外光线充足的情况下，很容易就能拍出优秀的作品；但是在光线不充足或者想营造某种气氛的时候，就需要借助补光灯来拍摄了。补光灯能使人物形象变得清晰并实现面部美颜，还可以自由调节冷暖色调，营造氛围，满足各种场合的拍摄需要。

市面上有多种补光灯，图 5-12所示是可以夹在手机上的便携LED补光灯，非常小巧，便于携带，价格也较低。

图 5-12

图 5-13 所示是带有支架的补光灯，它可以把手机固定在支架上，解放双手，也可以调节拍摄角度。有些三脚架也具备安装补光灯的功能。这类产品的价格相对来说高一些，在几十元到几百元之间。不同补光灯的效果也有差别，比如圆圈状的补光灯会使人物五官显得更加立体，大家要根据实际情况进行选择。

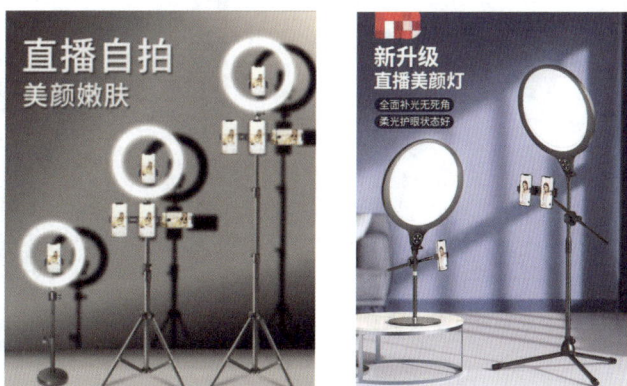

图 5-13

如果在室外进行一些大场景拍摄，可以使用反光板这一照明辅助工具，如图 5-14 所示。反光板轻便且补光效果好，在室外可以起到辅助照明的作用，有时也可以用作光源。

图 5-14

5.2 新手拍摄：掌握技巧出大片

准备好拍摄器材后，便可以正式开始拍摄了，但要想拍出"爆款"视频，就必须掌握拍摄技巧。下面将详细讲解部分拍摄技巧。

5.2.1 分辨率：选择合适的分辨率

分辨率是指画面中所含像素点的多少，分辨率越高，包含的像素点越多，画面越清晰；反之，分辨率越低，画面越模糊。

手机可以自由设置拍摄照片的分辨率。对于视频而言，常见的480P、720P、1080P、4K就是视频的分辨率。使用手机拍摄视频时也可以自己选择分辨率。一般来说，分辨率越高，视频或照片所占的内存就越大。

下面以红米手机为例进行介绍。

01 打开手机相机，选择拍照模式，点击右上角的 ☰ 按钮，点击"设置"按钮 ⚙，在弹出的界面中选择"照片质量"，会出现3个选项——高、标准和低，如图5-15所示，分别代表分辨率为1080P、720P及480P。

图 5-15

02 打开相机，选择录像模式，点击右上方的 ☰ 按钮，即可在弹出的界面中设置视频分辨率，如图5-16所示。

➲ 480P标清分辨率

480P属于比较基础的分辨率，用它拍摄的视频画质较差，清晰度一般，占用的手机内存小。如果网络不太好，这个分辨率的视频也能够正常播放。

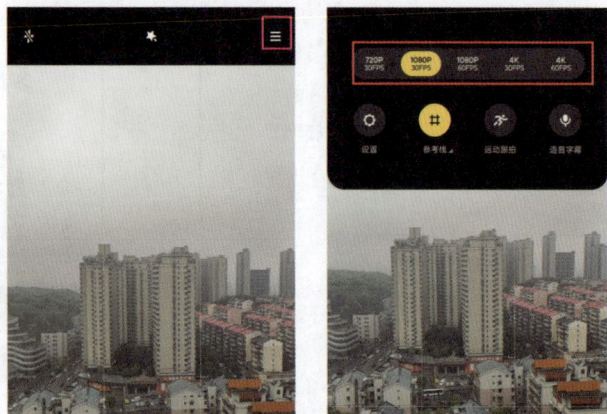

图 5-16

○ 720P 高清分辨率

720P 一般在手机中表示为 HD 720P，它的分辨率为 1280px×720px。用 720P 拍摄的视频，不仅比用 480P 拍摄的视频更加清晰，对于手机内存和网络的要求也比较适中。所以不管是拍摄视频还是观看视频，720P 都是一个不错的选择。

○ 1080P 全高清分辨率

1080P 的像素分辨率为 1920px×1080px，在手机中表示为 FHD 1080P。用 1080P 拍摄的视频清晰度更高，将画面细节展示得更加清楚，同样有立体音效果，对网络的要求更高。如果想要播放 1080P 的视频，建议最好在无线网络下进行。

○ 4K 超高清分辨率

4K 的像素分辨率为 4096px×2160px。用 4K 拍摄的视频可以清晰地展示画面中的每一个细节，色彩也非常鲜艳，能带给观众极佳的观影体验。

5.2.2 构图：利用网格功能灵活构图

除了拍摄手法以外，构图在拍摄中也很重要，选择合适的构图方式能够为视频加分不少。拍摄视频时的构图和拍摄照片时的构图类似，二者都需要对画面中的主体进行恰当的摆放，使画面看起来更和谐、美观。在介绍构图技巧之前，需要先说明如何开启手机相机以及抖音的参考线，即网格功能。

以红米手机为例，打开相机，点击手机右上角的 ▤ 按钮，然后点击"参考线"按钮 ▦ ，即可开启网格功能，打开抖音，进入拍摄界面后，点击"设置"按钮 ▨ ，即可在弹出页面中开启网格功能，如图 5-17 所示。

接下来介绍活用辅助线的构图方式。

1. 中心构图

中心构图是一种简单且常见的构图方式，将主体放置在画面的中心位置进行拍摄，能更好突出拍摄的主体，让观众一眼就能看出视频的重点，从而将目光锁定在主体上，了解画面所要传递的信息。以中心构图方式拍摄的视频的优点在于主体突出、明确，而且画面容易达到左右平衡的效果，非常适合用来表现物体的对称性，如图 5-18 所示。

图 5-17

如果主体只有一个，就可以采用中心构图方式来拍摄视频。这种方式操作十分简单，运用网格功能便能很好地确定主体的位置。这种方式对拍摄技巧的要求不高，对新手来说是一种极易上手的构图方式。需要注意的是，采用中心构图方式拍摄视频时要尽量保证画面背景简洁、干净，以免其他对象喧宾夺主。

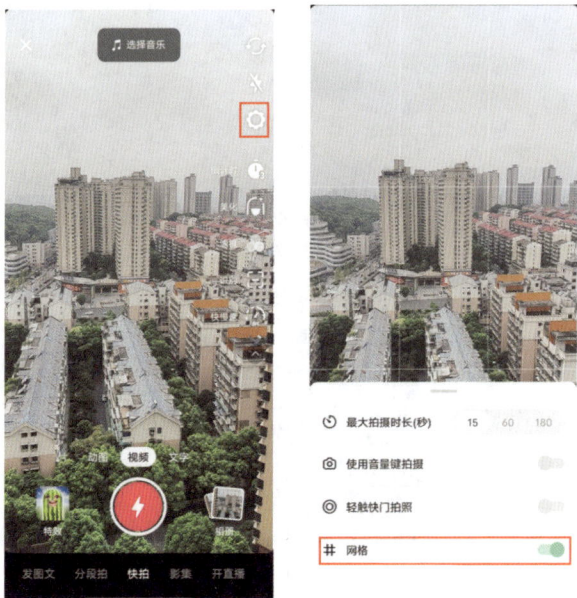

图 5-18

2. 三分线构图

三分线构图是指将画面横向或者纵向三等分，然后将主体放在画面的三分之一处进行构图取景，从而让其更加突出，让画面更具层次感，如图 5-19 所示。三分线构图是一种经典且简单易学的构图方式。

以三分线构图方式拍摄视频能使画面不至于太呆板，还能突出主体，使画面中的元素更加紧凑。此外，使用该构图方式还能使画面具有平衡感，使画面的上下或左右更加协调。

图 5-19

5.2.3 焦点：手动调整曝光和对焦

视频对焦是否准确，会影响画面的美观度。在拍摄视频时，大部分手机都可以自动对准主体，虚化背景，让画面变得清晰。如果对焦不准确，可以手动点击画面中的主体，这样对焦点将会对准主体。

当手指点击屏幕后，屏幕上将会出现对焦圈和曝光按钮（小太阳图标），按住小太阳图标往上移动，画面将会变亮；按住小太阳图标往下移动，画面将会变暗，如图 5-20 所示。

图 5-20

5.2.4 升格：镜头慢放体现高级感

升格是变速摄影的一种，指使用高于每秒24帧的速率进行拍摄，比如每秒48帧或300帧。这样就可以获得绝佳的慢动作效果，帧率越高动作越慢。将人物的动作放慢可以展现出人物唯美的一面，比如撩头发、回头等，适合用来拍摄人像特写镜头，还能体现出运动美或者某种寓意。慢动作虽然唯美动人，但是拍摄过程还是有讲究的，因为是拍摄移动的物体，所以不使用三脚架也能得到相对稳定的画面。

下面以红米手机为例介绍用手机拍摄慢动作的方法。

01 打开相机界面，点击"更多"，随后在弹出的界面中点击"慢动作"按钮，如图5-21所示。

02 点击慢动作界面右上角的 ≡ 按钮，在弹出的界面中可以选择视频分辨率与帧率，帧率越高动作越慢，设置好后点击 ⬤ 按钮就可以进行拍摄了，如图5-22所示，这里在对掉落的笔进行拍摄。

图 5-21

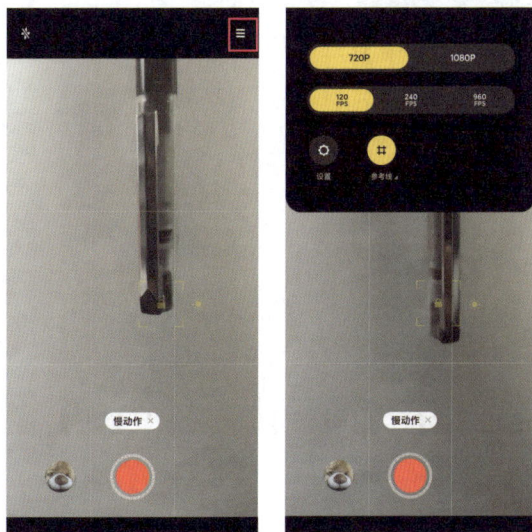

图 5-22

5.2.5　分段：分段拍摄增加趣味

抖音可以分段拍摄短视频，也就是可以先拍一段视频，暂停片刻后再拍下一段，最后将所有视频片段拼在一起形成一条完整的视频。只要两个场景之间的过渡转场做得足够好，最后的视频效果就会很炫酷。例如拍摄"一键换装"类短视频（见图5-23），就可以借助"分段拍"的方式。

用户穿好一套衣服以后，可以选择最长拍摄时长（15秒、60秒或3分钟），选好时长后按住"按住拍"按钮 🔴 拍摄几秒的视频，然后松开手，即可暂停拍摄，如图5-23所示。

该方法还能应用到玩偶拍摄中，给玩偶加上道具（如眼镜或衣服等）后，摆出跟换装前一样的姿势，重复前面的从"拍摄"到"暂停"的步骤，直到换装完成为止，如图5-24和图5-25所示。

图 5-23

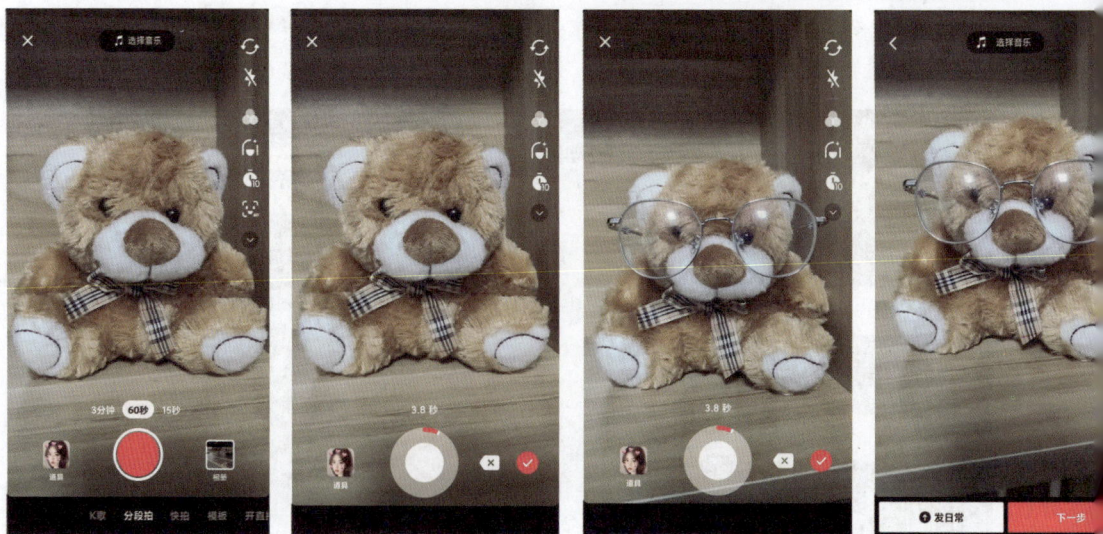

图 5-24　　　　　　　　　　　　　　　　　　　　图 5-25

5.2.6 合拍：合拍互动实现"引流"

合拍是抖音推出的一种有趣的玩法，如"黑脸吃西瓜合拍""瞪猫的合拍"等，出现了不少"爆款"视频。下面介绍和自己喜欢的视频合拍的方法。

01 找到想要进行合拍的视频，点击"分享"按钮，如图 5-26 所示。

02 在弹出的"分享到"菜单中，点击"合拍"按钮，如图 5-27 所示。

图 5-26　　　　　　　　　　图 5-27

03 用户可以点击"美化"按钮或"滤镜"按钮使画面更加美观，点击"快慢速"按钮则可以调节视频的速度。点击"拍摄"按钮即可开始合拍，如图 5-28 所示。

04 拍摄完成后，用户可以通过点击"贴纸"按钮为画面增加道具，或是点击"特效"按钮和"滤镜"按钮重新设置特效与滤镜。如图 5-29 所示。点击"下一步"按钮即可发布视频。

图 5-28　　　　　　　　　　图 5-29

5.2.7　延时：日夜交替弹指间

　　延时摄影是指将一段时间内的景色变化用几秒的时间呈现出来的拍摄方法，相当于常说的快进。延时摄影在电影拍摄或电视节目拍摄中很常见，是一种描述整体环境以及天气变化的惯用手法。从黑夜到白天的画面代表新的一天又开始了，日落的画面表示忙碌的一天结束了，用这些画面交代故事发生的时间，可使情节更加完整。

　　不少手机自带延时摄影功能，以红米手机为例，如图 5-30 和图 5-31 所示。

01 打开相机界面，点击"更多"，随后在弹出的界面中点击"延时摄影"按钮。

02 点击延时摄影界面右上角的 ☰ 按钮，在弹出的界面中点击"设置"按钮，然后点击"延时摄影速度"选项。拍摄时间间隔越长，获得的成品时间流速越快。用户需要根据实际需求进行设置，设置好后点击 ⬤ 按钮就可以进行拍摄了。

图 5-30

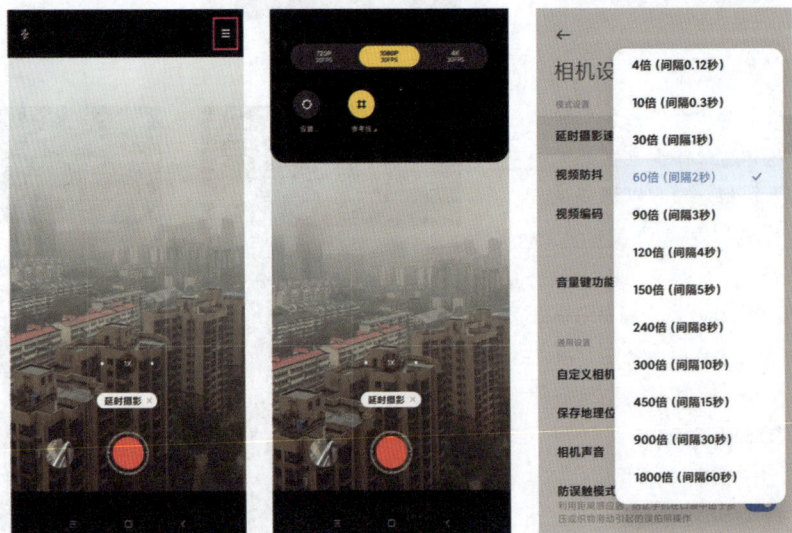

图 5-31

5.2.8　防抖：防止抖动保证画面清晰

　　不管是看视频还是看照片，人们都更倾向于观看清晰的画面。视频的清晰度很重要，而画面的稳定性又是决定视频清晰度的关键因素，所以在拍摄视频时，要尽量拿稳手机。

　　使用稳定画面的辅助工具有助于获得清晰的画面，除此之外，在拍摄过程中运用一些技巧，也能大幅提升画质，具体如下。

1. 尽量双手横持手机拍摄

许多人喜欢单手竖持手机拍摄视频，这样虽然方便，但是单手竖持的稳定性欠佳。因此，如果要追求画面的稳定性，且没有辅助工具，建议双手横持手机进行拍摄，如图 5-32 所示。因为双手横持手机会使手机更加稳定，能有效减少画面的抖动。

2. 利用其他物体作为支撑

由于手机比较轻便，因此在手持拍摄时画面容易抖动。在拍摄过程中，可以借助其他物体来

图 5-32

保持稳定。例如，在拍摄静态画面时，可以借助身边比较稳定的大型物体，如大树、墙壁、桌子等。拍摄者可以手持手机，同时靠着大树、墙壁等稳定的物体，形成一个比较稳定的拍摄环境。需要注意的是，这种拍摄方法虽然能减少抖动，但灵活性较差，也很容易发生碰撞，因此建议只在拍摄固定镜头的时候使用该方法。

3. 保持正确的拍摄姿势

在拍摄时，要避免大步行走，应使用小碎步移动拍摄，这样可以有效减少大幅度的抖动。此外，应该避免大幅度的手部动作，手肘内部可以紧靠身体以保持稳定。

4. 拍摄过程中谨慎对焦

如果拍摄者不是刻意追求画面的虚化效果，那么最好在拍摄前关闭手机相机的自动对焦功能。另外，在拍摄前尽量先找好焦点，以免在拍摄过程中频繁对焦。因为在拍摄过程中重新选择对焦点，会导致一个画面从模糊变清晰的缓慢过程，这就破坏了视频的流畅度，而且手指频繁点击屏幕，难免会对手机的稳定性造成影响。

5. 选择稳定的拍摄环境

除了在设备和拍摄手法上下功夫，选择一个稳定的拍摄环境也有利于拍出稳定的画面。在拍摄环境的选择上，要尽量避免坑坑洼洼或被杂草和乱石覆盖的地面，因为这样的地面很容易让人踏空或摔倒。选择平整、结实的地面可以很好地消除导致抖动的外部环境因素，减少不必要的镜头晃动。

5.2.9　打光：巧妙打光增加画面美感

拍摄时光线十分重要，好的光线布局不仅可以有效提升画面质量，还可以用来营造特殊的艺术氛围。尤其是在拍摄人像时要多用柔光，这样会增强画面美感，同时要避免产生明显的暗影和过度曝光。如果光线不好，可手动补光。

在光线不好的地方拍摄，尤其是在晚上拍摄的时候，可以开启闪光灯。除此之外，还可以使用专业的外置闪光灯。这种闪光灯一般都采用 LED 光源，光线比较柔和，可以让画面更加清晰、柔美；同时可以自由调节亮度，从而满足不同的拍摄需求。

5.2.10　场景：切换场景和添加时间特效

在拍摄视频前，用户应该先想想自己的主题，然后想想能在哪些场景中进行拍摄。即使是同一个场景，用户也可以更换拍摄方式，如可以从远处将镜头推近，或者从近处将镜头拉远，甚至可以斜拍，从而避免场景过于单调，让画面更加生动。当然，也可以选择在同一场景中加入或者更换一些道具，这些小细节往往会带来意想不到的效果。下面介绍两种常见的场景切换的方法。

⊃　**忽远忽近的镜头感：**最简单的方法就是将手机放远再推近。

⊃　**暂停拍摄切换场景：**用户可以按住圆形的红色拍摄按钮开始拍摄，几秒后松开手停止拍摄，换一个场景继续按住按钮拍摄；在切换场景时，用户可以巧妙利用手部或者衣服的遮挡来完成，这样可以让视频看上去更加炫酷。

另外，抖音拥有非常多的时间特效，如"时光倒流""闪一下""慢动作"等。其中，倒放视频用到的就是"时光倒流"特效。下面以"时光倒流"特效为例，介绍具体操作。

01 正常拍完视频后进入预览界面，点击"特效"按钮，如图 5-33 所示。

02 切换至"时间"界面，点击"时光倒流"特效，如图 5-34 所示。

03 执行操作后，即可应用"时光倒流"特效，最后点击"保存"按钮，如图 5-35 所示。

图 5-33

图 5-34

图 5-35

5.3　灵活运镜：9种基本的运镜手法

在拍摄视频时，如果想把视频拍得更精美、更抢眼，掌握运动摄像技巧和准则是基本要求。下面讲解推、拉、摇、移、跟、甩等9种运镜手法，为之后制作视频奠定基础。

5.3.1 推镜头：从远到近突出重点

推镜头是将镜头对准主体，向主体不断靠近，或者变动镜头焦距产生从远到近的视觉效果的运镜手法。推镜头可以形成视觉前移效果，会使主体由小变大，如图 5-36 所示。

图 5-36

推镜头在拍摄中起到的作用是突出主体，将观众的注意力从整体引向局部。在使用推镜头拍摄的过程中，画面所包含的内容逐渐减少，从而突出重点。推近速度的快慢也会影响视频的节奏，拍摄过程中可以利用这一点来控制视频节奏。

5.3.2 拉镜头：从近到远反映整体

拉镜头与推镜头相反，是镜头不断远离主体的运镜手法，如图 5-37 所示。

图 5-37

拉镜头的作用可以分为两个方面：一是表现主体人物或景物在环境中的位置，即通过将镜头向后移动逐渐扩大视野范围，从而在一个镜头中反映局部与整体的关系；二是满足镜头之间衔接的需要，如前一个镜头是一个场景中的特写，而后一个镜头是该场景的全景，两个镜头通过拉镜头的方式衔接起来，会显得比较自然。

图 5-38 是推镜头与拉镜头的简易示意图。

推拉镜头

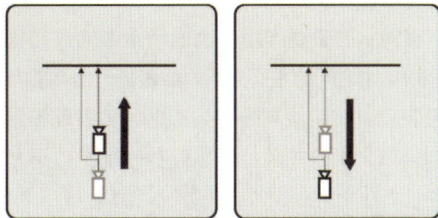

图 5-38

5.3.3 摇镜头：客观视角拍摄场景

摇镜头就是相机的位置保持不变，只靠镜头的转动来调整拍摄方向，类似于人站着不动，仅靠转动头部来观察周围的事物。图 5-39 所示为摇镜头拍摄的画面。

图 5-39

摇镜头可以左右摇，可以上下摇，还可以斜摇，或者与移镜头结合使用。在拍摄过程中，缓慢地摇动镜头，对将要呈现给观众的场景进行展示，可以有效地拉长时间和扩大空间，从而给观众留下深刻的印象。

使用摇镜头，可以将拍摄内容表现得有头有尾、一气呵成，因而要求开头和结尾的画面目的明确。从一个被拍摄的目标摇起，到另一个目标结束，两个画面之间的场景也应该是要表现的内容。

此外，在拍摄过程中，拍摄设备一定要匀速运动，起幅先停滞片刻，然后逐渐加速，匀速，减速，再停滞，最后落幅要缓慢，使观众能适应镜头的摇晃。

5.3.4 移镜头：移动镜头适合旅拍

移镜头是将相机放在移动的物体上，使相机沿轨道进行拍摄。这样拍出来的视频可以达到人力所不能及的稳定性，在电影行业比较常见。图 5-40 所示为移镜头示意图。

使用手机拍摄短视频时同样可以使用移镜头。如果没有滑轨等设备，则可以双手持机，保持身体不动，通过双臂缓慢平移镜头。

移镜头的主要作用是表现场景中的人与物、人与人、物与物之间的空间关系，或者把一些事物串联起来加以表现。移镜头与摇镜头都是为了表现场景中的主体与陪体之间的关系，但是二者的视觉效果是完全不同的。

图 5-40

摇镜头是相机的位置不变，拍摄角度变化，适合拍摄距离较近的物体；而移镜头则是拍摄角度不变，相机移动（或是在相机不动的情况下，改变焦距或移动物体），以形成跟随的视觉效果，从而营造出特定的氛围。

5.3.5　跟镜头：同步跟随保持连贯

跟镜头是指相机跟随运动的主体进行拍摄，有推、拉、摇、移等形式。镜头跟拍使运动的主体在画面中的位置保持不变，而前后景不断变化。这种运镜手法既可以突出运动中的主体，又可以交代主体的运动方向、速度、体态，以及其与环境的关系，使主体的运动保持连贯性。图 5-41 所示为跟镜头示意图。

图 5-41

5.3.6　甩镜头：快速甩动衔接画面

甩镜头对于摄影师的要求较高，它是指一个画面结束后不停机，镜头极速切换到另一个方向，从而转换为另一个画面，而甩转过程中所拍摄的内容会很模糊，这个过程类似于人们在观察一个事物的过程中突然将头转向另一个事物，非常符合人们的视觉习惯。甩镜头可以强调空间的转换和同一时间不同场景中所发生的事情。

甩镜头要求一定的节奏和速度，可以使视频产生转折效果。在具体拍摄时，要注意甩的方向、速度以及摇转过程的时长应该与前后镜头中的动作、方向和速度相适应。此外，也可以专门拍摄一段向所需方向甩出的流动影像镜头，通过后期剪辑将其插入前后两个镜头之间。

5.3.7　旋转镜头：环绕拍摄烘托气氛

旋转镜头是指相机拍下主体或背景呈旋转效果的画面。常用的拍摄手法有以下几种。

　➲ 沿镜头光轴仰角旋转拍摄。

　➲ 相机360°快速环摇拍摄。

　➲ 主体与相机几乎处在同一轴盘上进行360度旋转。

　➲ 运用可旋转的运载工具进行拍摄。

旋转镜头往往用来表现人物在旋转过程中的视线或眩晕感，或者以此来烘托情绪，渲染气氛。图 5-42 所示为旋转镜头的示意图。

5.3.8　晃动镜头：晃动画面渲染氛围

晃动镜头是指在拍摄过程中，相机机身通过上下前后摇摆进行的拍摄，常用作主观镜头，在特定情况下使用往往能产生较强的表现力和主观情绪，形成特定的艺术效果，如表现精神恍惚、头晕、乘车摇晃颠簸等效果。

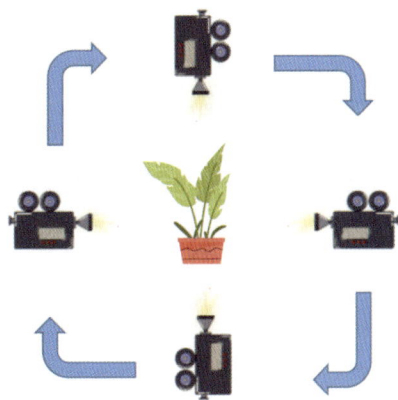

图 5-42

5.3.9 升/降镜头：升降切换丰富效果

升/降镜头是指相机通过上下运动拍摄画面，是一种从多个视角表现场景的运镜手法，其变化的技巧有垂直升/降、斜向升/降和不规则升/降。在拍摄过程中，不断改变相机的高度和俯仰角度，会营造出不同的视觉效果。升/降镜头如果在速度和节奏方面把握得当，则可以创造性地表现一个情节，常常用来展示事件的发展规律，或在场景中做上下运动的主体的主观情绪。其如果能在实际拍摄中与镜头表现的其他技巧结合运用，则能够表现出丰富多变的视觉效果。图 5-43 所示为升/降镜头示意图。

以上 9 种运镜手法在实际拍摄中可以结合使用，从而创造出丰富多彩的综合运动镜头效果。在选择运镜手法时，要考虑实际情况。

图 5-43

拍摄时，镜头运动要保持平稳，切忌无目的地滥用运镜手法，无故停顿或者随意摇晃，这样不但影响视频内容的表达，还会影响观众的观看体验。

第 6 章

视频模板：
解锁"爆款"视频

对于刚刚接触抖音短视频制作，不了解短视频拍摄和制作方法的新手来说，模板绝对是让他们爱不释手的工具。本章将详细介绍套用视频模板的方法，帮助新手快速且高效地制作出"爆款"短视频。

6.1 拍同款：拍抖音同款很简单

熟悉抖音的用户可能会发现，在抖音，有很多热门视频的内容和音乐都差不多，只不过是换了个主角而已，其实这就是抖音的同款视频。当某个用户发布了一条十分火爆的视频后，其他用户觉得很有意思便会去模仿拍摄，从而收获流量和粉丝。

6.1.1 同款道具轻松获取

抖音为视频创作者提供了大量特效道具，用户可以利用这些道具增强自己视频的趣味性，也可以通过获取同款道具，模仿他人的视频进行拍摄。

01 在视频播放界面点击左下方的特效按钮，如图6-1所示。

02 跳转至拍同款界面之后，可以看到其他用户使用这款道具拍摄的视频。点击界面底部的"拍同款"按钮，即可跳转至拍摄界面获取同款道具进行拍摄，如图6-2所示。

图6-1

图6-2

6.1.2 同款音乐快速获取

在创作抖音短视频时，除了内容以外，背景音乐的选择也是非常重要的。喜欢"刷"抖音短视频的人都知道，其实许多热门视频的背景音乐都是相同的，因此，创作者在创作视频时，不妨使用热门音乐作为背景音乐，以此来提高视频的曝光量。

01 在视频播放界面点击右下角CD形状的按钮，如图6-3所示。

02 跳转至拍同款界面之后，可以查看该背景音乐的具体信息和使用了该背景音乐的视频。点击"拍同款"按钮，即可使用该背景音乐进行创作，如图6-4所示。

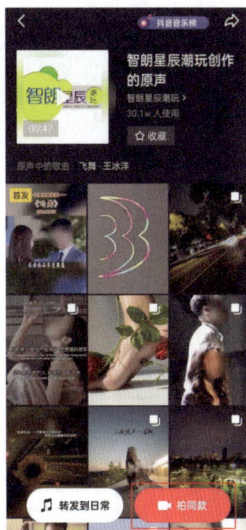

图 6-3   图 6-4

6.1.3　同款视频快速拍摄

使用抖音拍摄同款视频的方法非常简单，创作者只需挑选好自己想模仿的视频，然后点击"拍同款"按钮直接模仿拍摄即可，具体操作步骤如下。

01 打开一条想要模仿的短视频，点击屏幕右下角 CD 形状的按钮 ，如图 6-5 所示。

02 跳转至拍同款界面后，点击界面下方的"拍同款"按钮，即可进入拍摄界面，在界面上方可以看到选择的背景音乐，如图 6-6 所示。

图 6-5   图 6-6

03 进入拍摄界面后，创作者便可模仿原视频中人物的动作及表情进行拍摄。拍摄完成后，点击"下一步"按钮，即可进入视频发布界面，如图 6-7 所示。

图 6-7

6.2 剪同款：将视频创作的步骤简化

"剪同款"是剪映的一项特色功能，它为用户提供了大量的视频创作模板，用户只需手动添加视频或图像素材，就能够直接将他人编辑设定好的视频参数套用到自己的视频中，快速且高效地制作出一条有卡点、转场等效果的完整视频。

6.2.1 搜索模板：想拍什么搜什么

在剪映的主界面中，切换到"剪同款"界面后，可以看到"关注""推荐""卡点""日常碎片"等众多视频模板，用户可以根据自己拍摄的视频风格来选择，也可以自行搜索想要的模板。

01 打开剪映，在主界面点击"剪同款"按钮，即可跳转至模板界面，如图 6-8 所示，在这里可以看到卡点、日常碎片、玩法、旅行、纪念日等各种类型的模板。

图 6-8

在界面顶部的搜索栏中输入想要搜索的关键词，即可找到该类型的短视频模板。如图 6-9 所示。

图 6-9

6.2.2 关注热点：什么火爆做什么

"剪同款"让用户不仅可以搜索自己想要的模板类型，还可以实时关注热点。用户可以根据自身账号的定位和调性，对热点进行二次加工，让视频得到更广泛的传播。

1. 热门搜索

打开剪映，在主界面点击"剪同款"按钮 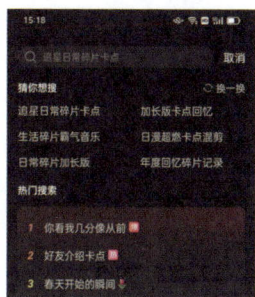，再点击界面顶部的搜索栏，便可以看到热门搜索排行榜，从中可了解最近大家感兴趣的视频模板和音乐，如图 6-10 所示。

2. "剪同款"排行榜

打开剪映，在主界面点击"剪同款"按钮 ，跳转至模板界面，可以看到界面上方有一个"排行榜"选项，点击进入，里面展示了剪映的模板分类，还有最热歌曲、最火玩法、抖音飙升榜、优秀创作人和百万粉创作人五大排行榜，如图 6-11 所示。创作者可以根据话题的热度和自身账号的定位来选择最合适的模板进行创作。

图 6-10

图 6-11

6.2.3 收藏模板：整理收藏方便下次使用

剪映会实时更新模板，有时候用户看到了一个喜欢的模板，下次想使用的时候却找不到。这时就可以通过"收藏"功能来收藏这些喜欢的模板，方便下次从收藏夹中调用。

01 在模板库中打开一个喜欢的模板，点击视频右侧的"喜欢"按钮♡，即可将该模板收藏，如图 6-12 所示。

02 收藏的模板可以在"我的"界面里的"喜欢"列表中查看，如图 6-13 所示。

6.2.4 应用模板：同款视频轻松编辑

使用剪映视频模板的方法非常简单，用户在确定需要应用的模板后，只需点击模板视频右下角的"剪同款"按钮，即可选取素材进行视频合成。本节将详细讲解剪映模板的应用步骤。

图 6-12　　　　　　　　　　图 6-13

1. vlog开场：学会创意动画开场

创作者平时在"刷"抖音的时候应该也会注意到，很多优质的短视频开场都很有意思，或搞笑，或高级，多多少少都藏有创作者的巧思。好的开始意味着成功了一半，一个好的视频开场，可以迅速抓住观众的眼球，大大提高视频的完播率。

01 打开剪映，在主界面点击"剪同款"按钮💢跳转至模板界面。在界面顶部的搜索栏中输入关键词"开场"，下面会出现各种关于开场的词组，用户可以根据自己的需求选择，也可以直接搜索"开场模板"，界面中会出现各种风格的开场模板，如图 6-14 所示。

图 6-14

02 "开场模板"界面中有"类型""片段数""时长"3个选项，如图 6-15 所示。创作者可以根据自己的需求筛选出不同形式、风格和时长的模板，这里将表现形式设为vlog。

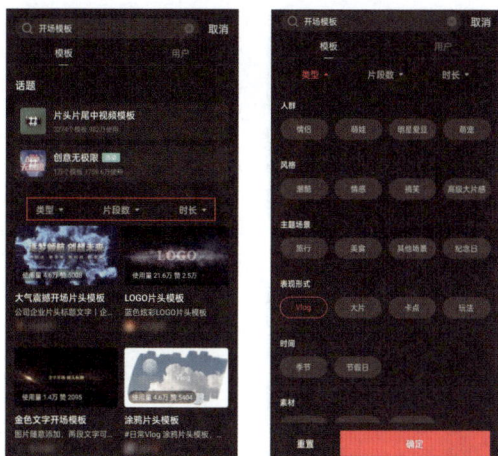

图 6-15

03 设置好筛选条件之后，挑选出想要使用的开场模板。例如，创作者想使用图 6-16 中的创意动画开场模板时，可直接点击该模板，进入模板视频的播放界面，然后点击视频右下角的"剪同款"按钮。

04 跳转至素材添加界面，系统会自动读取手机中的素材，创作者直接点击需要使用的素材导入即可，如图 6-17 所示。

图 6-16

图 6-17

图 6-18

05 跳转至视频编辑界面，创作者可以选择编辑视频或文本，如图 6-18 所示。

06 编辑完成之后，点击"播放"按钮，对视频进行预览，确认视频内容无误后，点击右上角的"导出"按钮，如图 6-19 所示。

07 导出之后，视频会自动保存至相册，效果如图 6-20 所示。

图 6-19

图 6-20

2. 卡点视频：导入图像快速生成

卡点视频就是把自己录制好的视频和音乐搭配在一起，让视频的节奏与音乐的节奏相匹配。制作卡点视频最关键的一点就是要先熟悉音乐，把握好音乐的节奏。相较于其他类型的视频，卡点视频的制作是非常简单的，尤其是在有了模板的帮助后。

01 打开剪映，在主界面点击"剪同款"按钮 ▶，跳转至模板界面，点击"卡点"，系统会自动进行筛选分类，呈现出"卡点"这一类型的视频模板，如图 6-21 所示。

图 6-21

02 挑选好需要使用的视频模板。例如，当创作者想使用图6-22中的动感卡点模板时，可以直接点击该模板，进入模板视频的播放界面，然后点击右下角的"剪同款"按钮。

图 6-22

03 跳转至素材添加界面，按照一定的顺序添加相应的图像素材，点击"下一步"按钮，系统会自动将图像素材合成为视频，并跳转至视频编辑界面，如图6-23所示，用户可以对视频素材进行简单的编辑。

图 6-23

04 完成编辑操作后，点击右上角的"导出"按钮，即可将视频导出并保存至本地相册。最终效果如图6-24所示。

图 6-24

05 导出之后，视频会自动保存至相册，效果如图 6-25 所示。

3. 情侣互动：浪漫场景轻松记录

上述卡点视频是导入图像素材后合成的视频，但通常用户记录生活的载体除了照片还有视频，下面将以制作情侣互动类的视频为例来详细讲述一下视频类的素材要如何处理。

01 打开剪映，在主界面点击"剪同款"按钮，跳转至模板界面。界面上方有一个分类栏目，栏目中有"春日""卡点""日常碎片"等选项，向左滑动，找到并点击"情侣"选项，搜索出"情侣"这一类型的视频模板，如图 6-26 所示。

图 6-25

图 6-26

02 挑选好需要使用的视频模板，播放视频模板，然后点击视频播放界面右下角的"剪同款"按钮，进入素材导入界面，导入需要使用的视频素材，点击"下一步"按钮，如图 6-27 所示。

图 6-27

03 跳转至视频编辑界面，点击 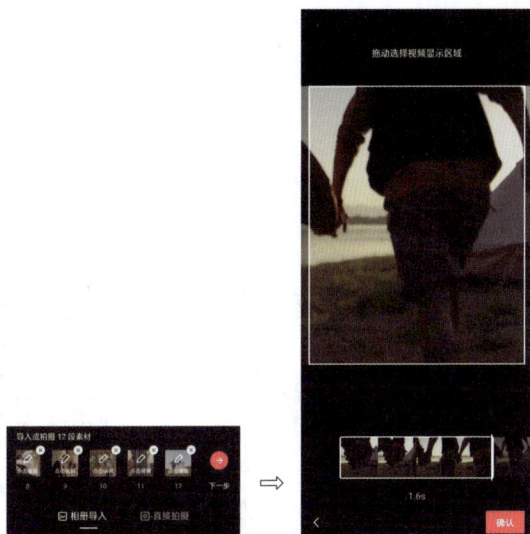 按钮，进入素材裁剪界面。用户可以通过移动界面下方的裁剪框来选取需要显示的区域，如图 6-28 所示。依次裁剪好所有视频素材之后，点击"下一步"按钮 。

图 6-28

04 进入编辑界面，对视频素材和文本进行简单的编辑。完成编辑操作后，点击右上角的"导出"按钮，如图 6-29 所示。

05 导出之后，视频会自动保存至相册，效果如图 6-30 所示。

图 6-29

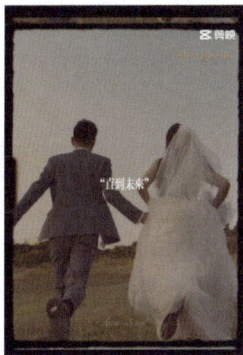

图 6-30

一般而言，用户可以通过视频的"入"和"出"两个点来裁剪视频。"入"就是指视频的开始，也是演员动作的开始；"出"就是指视频的结束，也是演员动作的结束。以拍摄情侣拥抱为例，拍摄时一般会拍摄演员演的全过程，但剪辑时并不需要那么长的视频，那么在裁剪视频的时候，用户可以选取演员张开手臂到两人拥抱在一起这一段，而张开手臂之前和抱在一起之后的部分都可以剪掉。

4. 片尾关注：片尾关注一步搞定

比较细心的用户应该会发现，抖音的很多短视频在片尾处会有一个引导关注的设计。这个设计看似简单，却起着引导用户关注账号、实现"涨粉"的作用。剪映里也有模板可以一步搞定片尾关注。

01 与上述制作开场视频的步骤一样，直接进入"剪同款"的模板界面，在顶部的搜索栏中输入"片尾关注模板"，便可搜索到各类型"片尾关注"的模板，如图 6-31 所示。

02 挑选出需要使用的模板，这里以点赞关注片尾模板为例，进入模板视频的播放界面，然后点击"剪同款"按钮，如图 6-32 所示。

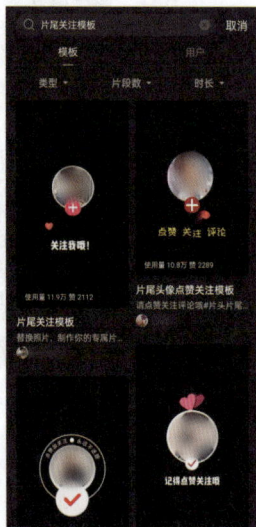

图 6-31　　　　　　　　　　　　　　　　　　　　图 6-32

03 进入素材添加界面，导入账号的头像图片，然后点击"下一步"按钮 ，进入视频编辑界面，对视频素材和文本进行简单的编辑，如图 6-33 所示。

04 完成编辑操作后，点击右上角的"导出"按钮，即可将视频导出并保存至本地相册，效果如图 6-34 所示。

图 6-33　　　　　　　　　　　　　　　　　　　　图 6-34

第7章

剪映软件：
轻松玩转视频剪辑

　　视频的后期制作实际上就是对视频素材进行加工、完善，使它变成一条完整的视频，为大众所接受、喜爱。但对于新手来说，专业的后期处理软件过于复杂，操作难度太大。建议对剪辑并不熟练的新手使用抖音官方推出的剪辑工具——剪映，它操作简单且功能强大，非常适合新手使用。本章将详细介绍剪映的一些剪辑技巧。

7.1 剪辑：学习视频剪辑的基本操作

剪映具备非常强大的视频剪辑处理功能，并且操作也不复杂。用户可以使用它对视频进行分割截取、设置转场、添加动画效果、应用滤镜、美颜等操作，即使是初学者，也能利用这款工具制作出令自己满意的短视频。

7.1.1 添加素材：图片、视频都可以

剪映的操作虽然比专业的剪辑软件要简单，但在功能上有很多的相似点，比如素材的轨道分布与Pr（视频编辑软件Adobe Premiere的简称）一样，也是一类素材对应一条轨道。

打开剪映，在主界面点击"开始创作"按钮 ⊞ ，系统会自动打开手机相册，用户可以在该界面选择一个或多个视频或图像素材，完成选择后，点击底部的"添加"按钮，进入视频编辑界面，可以看到选择的素材分布在界面下方的轨道上，如图7-1所示。

图 7-1

1. 在同一轨道上添加素材

01 若要在同一轨道上继续添加素材，可以将时间线拖至一段素材上，然后点击右侧的 ⊞ 按钮，如图7-2所示。

图 7-2

02 跳转至素材添加界面，选择所需要的素材，点击底部的"添加"按钮，进入视频编辑界面，可以看到所选素材已经自动添加在轨道上，如图 7-3 所示。

图 7-3

2. 在不同轨道上添加素材

01 如需在不同轨道上添加素材，可以将时间线拖至需要添加素材的位置，然后在未选择任何素材的状态下，点击底部工具栏中的"画中画"按钮 ▣，如图 7-4 所示。

02 点击"新增画中画"按钮 ⊞，进入素材添加界面，选择需要添加的素材，然后点击底部的"添加"按钮，如图 7-5 所示。

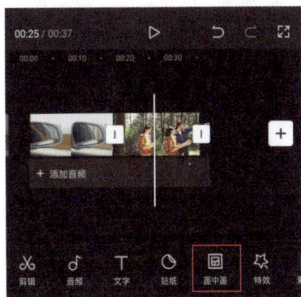

图 7-4

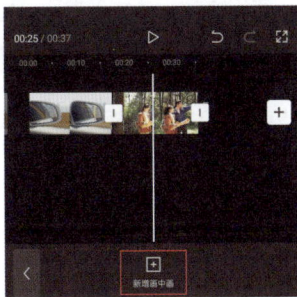

图 7-5

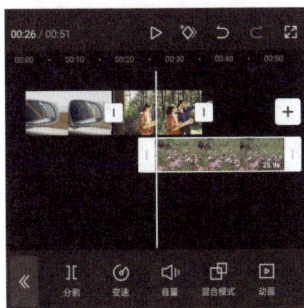

图 7-6

03 跳转至视频编辑界面后，可以看到所选素材已经添加至新的轨道上，如图 7-6 所示。

7.1.2 素材库：转场、空镜应有尽有

在剪映中，用户除了可以添加手机相册中的视频和图像素材，还可以选择添加剪映素材库中的素材，如图 7-7 所示。点击"素材库"，可以看到"转场片段""搞笑片段""故障动画"等不同类别的素材。

下面选取一些比较常用的素材类别来进行介绍。

1. 搞笑片段

剪映中的搞笑片段包含了人或动物的各种诙谐的音效、表情或反应片段，如图 7-8 所示。这类素材经常被用在各种搞笑视频、吐槽视频和喜剧短片中，可以为视频营造出一种喜剧氛围。

图 7-7

图 7-8

2. 空镜头

空镜头又称景物镜头，是指没有人物存在的画面，如图 7-9 所示。空镜头可以用作视频转场，也可以用来介绍环境背景，交代时间、空间，推动故事情节的发展，具有说明、暗示、象征、隐喻等作用，在视频中能够起到借物喻情、渲染意境、烘托气氛、引起联想等作用。

空镜头有写景和写物之分：前者通常称为风景镜头，往往用全景或远景来表现；后者通常称为"细节描写"，一般采用近景或特写。空镜头的运用，不只是为了展示景物，创作者要善于将抒情手法与叙事手法相结合，增强视频的艺术表现力。

图 7-9

3. 蒸汽波

蒸汽波是由赛博朋克艺术风格演变而来的一种风格，是一种融合了复古、前卫等视觉特征，借助

石膏雕塑、早期计算机界面、热带植物、动漫形象等元素，通过拼贴、解构和打码等手法进行创作的设计风格。剪映素材库中的蒸汽波类别中，包含了众多梦幻又复古的动漫素材，如图 7-10 所示。

图 7-10

7.1.3　分割：素材片段任意截取

剪映的"分割"功能可以帮助用户将一段素材中的某一部分提取出来，或者去除素材中多余的部分，也可以将一段素材一分为二。

01 将时间线定位到需要进行分割的时间点，如图 7-11 所示。

02 选中需要进行分割的素材，在底部的工具栏中点击"分割"按钮 ，即可将素材沿着时间线的位置一分为二，如图 7-12 所示。

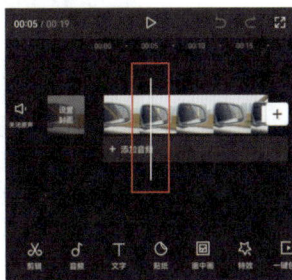

图 7-11

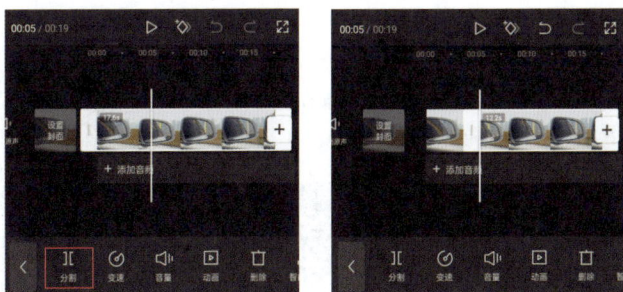

图 7-12

03 分割后，若用户不再需要其中的某一段素材，可以选中该素材，然后在底部的工具栏中点击"删除"按钮 ，即可将该素材删除，如图 7-13 所示。

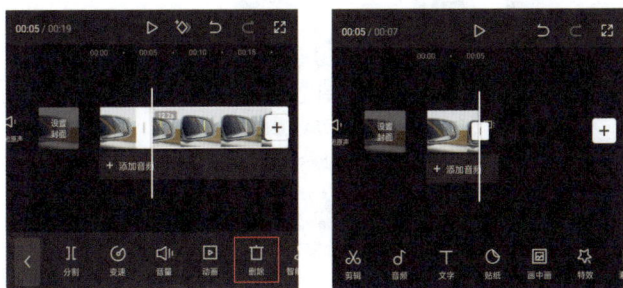

图 7-13

7.1.4 动画：让视频画面更具动感

有时视频本身画面看起来比较单调，而剪映里面有"旋转""拉伸""扭曲""降落"等很多动画效果，用户在完成画面的基本调整后，可以尝试为素材添加动画效果来丰富画面。

01 在轨道区域中选择需要添加动画效果的素材，然后在底部的工具栏中点击"动画"按钮 ▶ ，如图 7-14 所示。

02 打开动画选项栏，可以看到"入场动画""出场动画""组合动画"3 个选项，如图 7-15 所示。

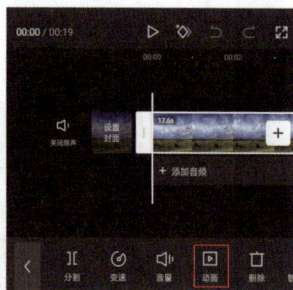
图 7-14

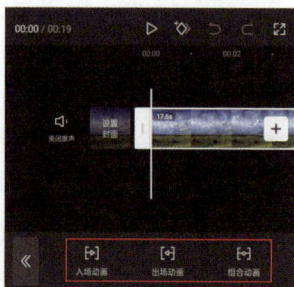
图 7-15

入场动画是在视频开头使用的动画效果，出场动画是视频结束时使用的动画效果，而组合动画是连续、重复且有规律的动画效果，具有一定的持续性。

03 点击需要添加的动画选项，界面底部会出现该选项对应的各类动画效果，如图 7-16 所示。

04 用户可以点击任意动画效果将其应用到画面中，并调整动画效果下方的滑块来改变动画效果的持续时间，如图 7-17 所示。

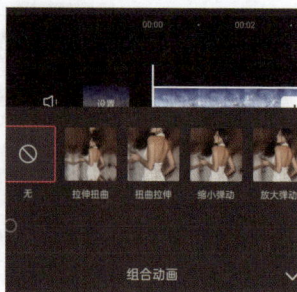
图 7-16

图 7-17

7.1.5　编辑：满足多重观看需求

视频的编辑总是离不开画面调整这个步骤，因为拍摄的画面中难免会出现一些多余的内容，这个时候就需要在后期剪辑的时候进行调整，使整个画面更协调。

剪映调整画面的方式有两种，一种是手动调整，另一种是使用编辑功能。

1. 手动调整画面

在剪映中手动调整画面很方便，用户可以调整画面大小或对画面进行旋转，而且这种方式能有效地帮助用户节省操作时间，具体操作如下。

❑ 调整画面大小

在轨道区域中选中需要调整的素材，然后在预览区域中通过双指开合来调整画面。双指相背而行，可以将画面放大；双指相向而行，可以将画面缩小，如图 7-18 所示。

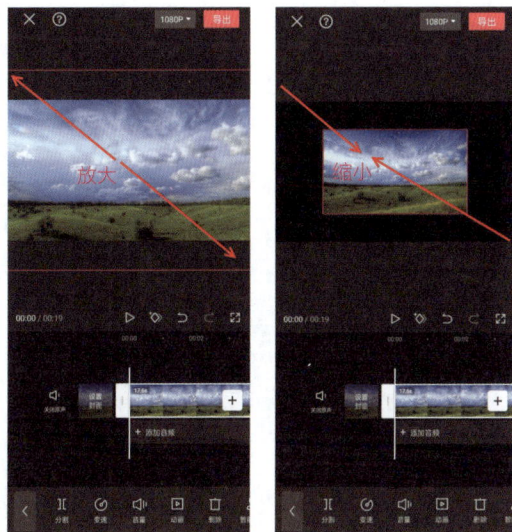

图 7-18

❑ 旋转画面

在轨道区域中选中素材，然后在预览区域中通过双指旋转来旋转画面，双指的旋转方向即为画面的旋转方向，如图 7-19 所示。

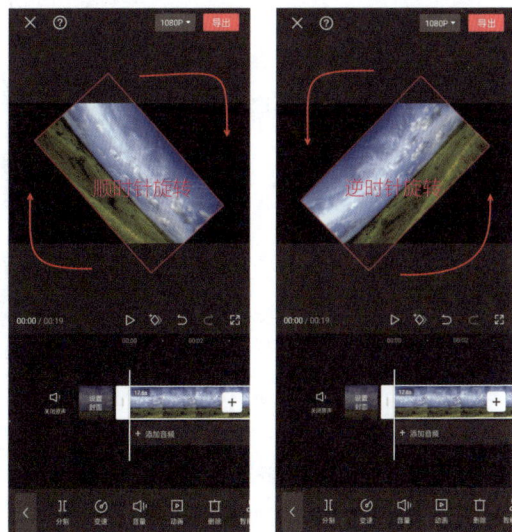

图 7-19

2. "编辑"功能

剪映的"编辑"功能对于不知道如何构图取景的用户来说是很实用的，因为在视频编辑中，合理地编辑画面，可以起到"二次构图"的作用。剪映的"编辑"选项栏中包含"旋转""镜像""裁剪"3个功能选项。

❏ 旋转

在轨道区域中选中需要进行旋转的素材，然后点击底部工具栏中的"编辑"按钮▣，接着在"编辑"选项栏中点击"旋转"按钮◈，即可使画面顺时针旋转，如图 7-20 所示。

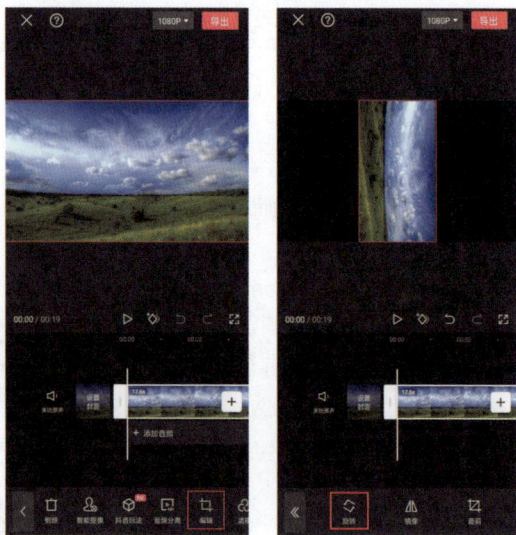

图 7-20

❏ 裁剪

01 在轨道区域中选中需要裁剪的素材，然后在底部工具栏中点击"编辑"按钮▣，接着在"编辑"选项栏中点击"裁剪"按钮▣，如图 7-21 所示。

图 7-21

02 打开裁剪选项栏，可以看到里面包含了很多种不同的裁剪模式，选择不同的比例选项可以将画面裁剪出不同的效果，如图 7-22 所示。

图 7-22

03 上方的刻度线可以用来调整画面的旋转角度，拖动滑块可使画面沿顺时针方向或逆时针方向旋转，如图 7-23 所示。完成画面的裁剪操作后，点击右下角的"√"按钮可保存操作，若不满意裁剪结果，可点击左下角的"重置"按钮，重新进行裁剪。

❏ 镜像

用户通过剪映的"镜像"功能，可以轻松地将素材画面进行翻转。在轨道区域中选中需要进行翻转的素材，然后在底部工具栏中点击"编辑"按钮，接着在"编辑"选项栏中点击"镜像"按钮，即可将素材画面进行镜像翻转，如图 7-24 所示。

图 7-23

图 7-24

7.1.6 转场：前后素材自然过渡

视频转场是指场景与场景之间的过渡或转换，可以使两个场景进行平缓且自然的转换，同时增强视频的艺术感染力，避免两个场景之间突兀地跳转。

用户在轨道区域中添加两个素材之后，点击素材中间的 Ⅰ 按钮，打开"转场"选项栏，可以看到其中有"基础转场""综艺转场""运镜转场""特效转场"等不同类别的转场效果，如图7-25所示。用户点击其中任意一种转场效果即可将其添加至画面中。

下面选取一些比较常用的转场效果来进行具体介绍。

图 7-25

1. 基础转场

"基础转场"类别中包含翻篇、叠化、闪光灯、泛白、泛光、渐变擦除等转场效果。这类转场效果主要通过平缓的推移运动、叠化或溶解等来实现场景之间的转换。图7-26所示为"基础转场"中"叠化"的转场效果。

图 7-26

2. 运镜转场

"运镜转场"类别中包含3D空间、推近、拉远、色差顺时针、色差逆时针等转场效果，这类转场效果通过画面的移动来进行转场，所以通常会产生运动模糊效果。图 7-27所示为"运镜转场"中"拉远"的转场效果。

图 7-27

3. 特效转场

"特效转场"类别中包含光束、分割、炫光、快门、马赛克等转场效果。这类转场效果主要通过一些特别炫酷的视觉特效来进行转场，从而实现两个画面之间的切换。图7-28所示为"特效转场"中"快门"的转场效果。

图 7-28

7.1.7 蒙版：特定区域营造特殊效果

蒙版也可以称为"遮罩"，这项功能可以遮挡或显示部分画面。在剪映中，用户可以使用不同形状的蒙版，如线性、镜面、圆形、矩形等，这些蒙版可以让画面中的某个部分以几何图形的状态在另一个画面中显示，具体操作如下。

1. 添加蒙版

01 在轨道区域中选中需要添加蒙版的素材，然后在底部的工具栏中点击"蒙版"按钮 ⊘，打开"蒙版"选项栏，可以看到不同形状的蒙版选项，如图 7-29 所示。

02 在"蒙版"选项栏中点击需要添加的蒙版选项，并点击右下角的"√"按钮，便可将该蒙版应用到所选素材中，如图 7-30 所示。

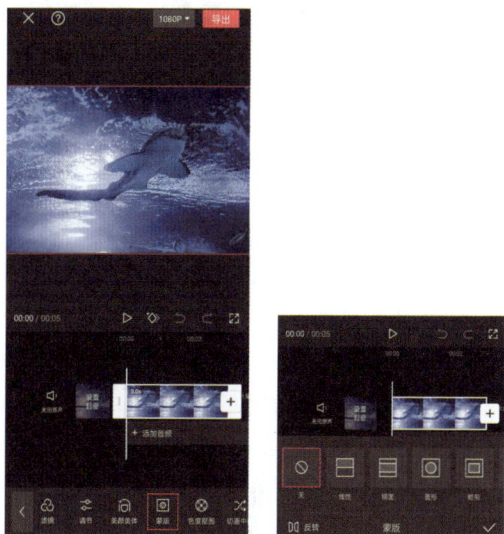

图 7-29

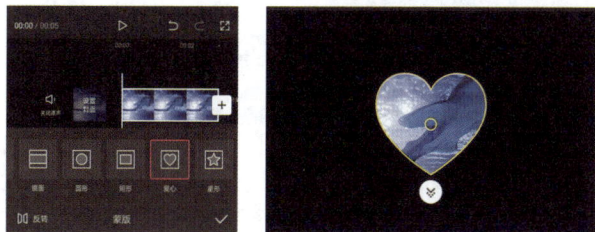

图 7-30

2. 手动调整蒙版

选择好蒙版后，用户可以在预览区域中对蒙版进行移动、缩放和旋转等基本的调整操作，操作方式与素材画面的调整方式一致。在预览区域中，两指相背而行，可将蒙版放大；相向而行，则可以将蒙版缩小；双指旋转操控则可以完成蒙版的旋转，双指的旋转方向对应蒙版的旋转方向，如图 7-31 所示。

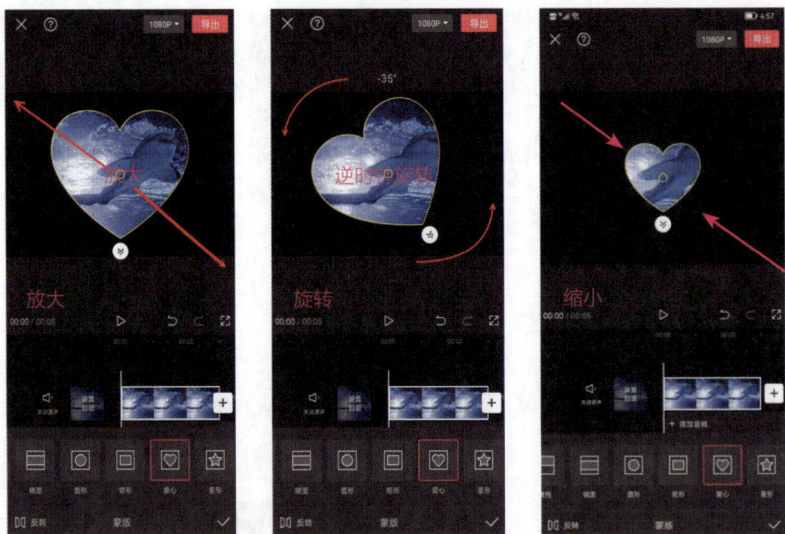

图 7-31

3. 蒙版羽化

在"蒙版"选项栏中选择一种形状的蒙版后，在预览区域中按住![]按钮进行拖动，可以对蒙版进行羽化边缘处理，如图 7-32 所示，使蒙版的边缘更加柔和自然。

图 7-32

7.1.8 替换：老旧素材随时更换

替换素材是视频剪辑中的常用操作，因为在剪辑的过程中，用户如果对某一素材不满意，直接删除该素材势必会对整个剪辑项目产生不好的影响，而剪映的"替换"功能可以让用户在不影响剪辑项目的情况下换掉不满意的素材，具体操作步骤如下。

01 在轨道区域中选中需要进行替换的素材，然后在底部的工具栏中点击"替换"按钮![]，如图 7-33 所示。

02 进入素材添加界面，选中需要使用的素材后点击"确认"按钮，即可完成素材的替换，如图 7-34 所示。

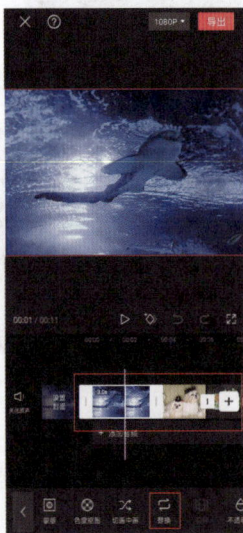

图 7-33

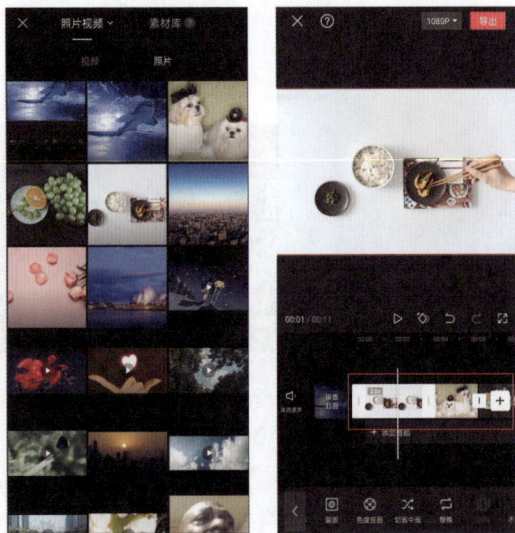

图 7-34

7.1.9 滤镜：一键改善画面色调

滤镜是各大视频剪辑软件的必备功能，它可以很好地掩盖画面的缺陷，对画面进行美化，使画面更加生动。剪映为用户提供了数十种滤镜，用户可以将这些滤镜应用到单个素材里。也可以将滤镜应用到某一段时间里的多个素材里。

1. 在单个素材中应用滤镜

01 在轨道区域中选中一段视频素材，然后点击底部工具栏中的"滤镜"按钮，如图 7-35 所示。

02 "滤镜"选项栏中有"高清""美食""影视级""Vlog"等不同类别的滤镜选项，用户可以根据自己的需求选择不同类别的滤镜。点击添加其中的一种滤镜，将其应用到所选素材中，如图 7-36 所示，通过调节下方的滑块还可以改变滤镜的强度。

图 7-35   图 7-36

2. 在某一段时间应用滤镜

01 在未选中任何素材的状态下，点击底部工具栏中的"滤镜"按钮，如图 7-37 所示，进入"滤镜"选项栏。

图 7-37

02 选择其中任意一种滤镜，然后点击右下角的"√"按钮，轨道区域中会生成一段可以调整时长和位置的滤镜素材，如图 7-38 所示。按住滤镜素材前后端的图标进行拖动，即可调整素材的时长；选中滤镜素材进行左右拖动即可调整滤镜素材应用的时间段。

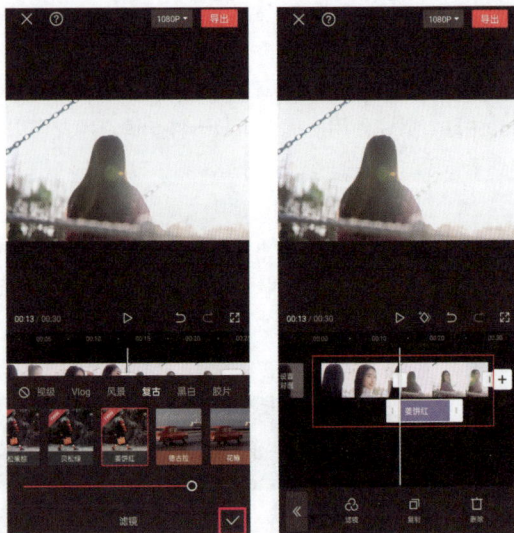

7.1.10　调节：快速奠定画面风格

在剪映中，用户除了可以用滤镜来改善画面色调，还可以通过"调节"功能来调整图像的亮度、对比度、饱和度等参数，从而营造出自己想要的画面效果。剪映中主要有以下几种调节选项。

图 7-38

➲　亮度：用来调整画面的明亮程度，数值越大，画面越明亮。

➲　对比度：指的是一张照片中明暗区域最亮的白和最暗的黑之间不同亮度层级的测量，差异范围越大代表对比越大，差异范围越小代表对比越小。

➲　饱和度：用来调整画面色彩的鲜艳程度，数值越大，画面色彩就越鲜艳。

➲　光感：与亮度一样用来调节画面的明亮程度，一般是在原画面本身的明暗范围内进行调节，所以变化会更加自然；数值越大，光感效果会增强，反之，光感效果会减弱。

➲　锐化：锐度是反映照片或视频画面清晰度和图像边缘锐利程度的指标。锐化的调节是双向性质的，增加锐化确实能让画面更清晰生动，但也会带来画质的降低，容易使照片失真，在调节的时候需要适度。

➲　高光/阴影：用来调整画面中的高光或阴影部分。

➲　色温：用来调节画面中色彩的冷暖倾向，数值越大，画面就越偏向于暖色调；数值越小画面就越偏向于冷色调。

在剪映中，图像调节与添加滤镜的方式是相似的，具体操作如下。

01 在轨道区域中选中一段视频素材，然后点击底部工具栏中的"调节"按钮 ，打开"调节"选项栏，对所选素材进行图像参数调整，如图 7-39 所示。

图 7-39

02 如果是在未选中素材的状态下，点击底部工具栏中的"调节"按钮📷，打开"调节"选项栏，选择任意一个调节选项，即可在轨道区域中生成一段可调整时长和位置的图像参数调节素材，如图 7-40 所示。

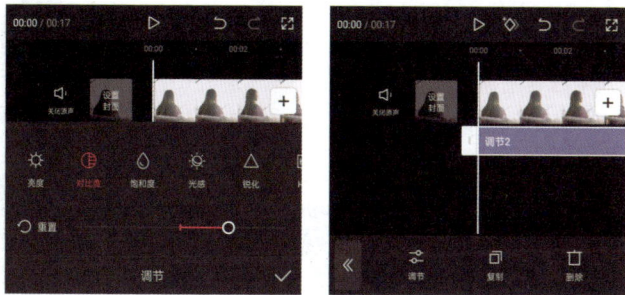

图 7-40

7.2　音频处理：声画结合提升视频档次

一条完整的视频是由画面和音频两个部分组成的。视频中的音频可以是人物台词或旁白，也可以是背景音乐或特殊音效。音频可以起到增强画面感染力的作用。一段调性明确的音频可以赋予画面故事性，提升观众的感官体验，让原本普通单调的画面变得丰富多彩。

在剪映中，用户可以选择调用音乐库中的音乐素材，也可以选择添加抖音等其他平台中的音乐。

7.2.1　音乐库：一键应用动人乐曲

剪映的音乐库有着非常丰富的音频资源，并且对其进行了十分细致的分类，方便用户寻找不同类型的音乐素材。

01 在轨道区域中将时间线定位至需要添加音乐素材的时间点，在未选中素材的状态下，点击"添加音频"选项，或点击底部工具栏中的"音频"按钮🎵，打开"音频"选项栏，点击"音乐"按钮🎵，如图 7-41 所示。

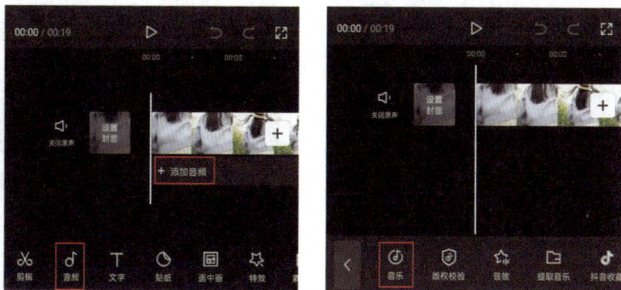

图 7-41

02 进入剪映的音乐库，如图 7-42 所示，里面有各种类别的音乐，用户可以根据音乐的类别来快速挑选适合自己视频调性的背景音乐。

03 在音乐库中，用户也可以点击音乐进行试听，还可以使用音乐素材旁边的功能按钮进行收藏或下载操作，如图7-43所示。用户点击 ☆ 按钮即可将音乐素材添加至音乐库中的"我的收藏"里；点击 ↓ 按钮即可下载音乐素材，下载完成后会自动进行播放。

04 使用 按钮会在用户点击播放音乐素材或下载音乐素材后出现，用户点击 使用 按钮即可将音乐素材添加至剪辑项目中，添加后的效果如图7-44所示。

图 7-42

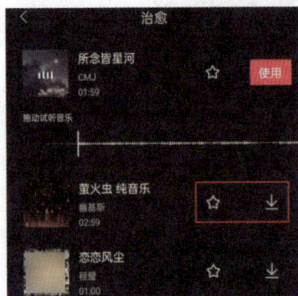

图 7-43

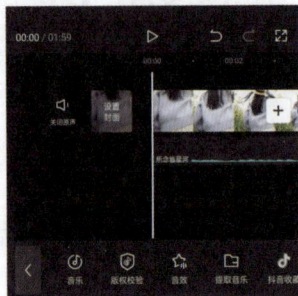

图 7-44

7.2.2 音效：为视频添加趣味元素

很多抖音短视频里的搞笑画面常常会伴随着各种滑稽音效，这种效果往往能给观众一种轻松、愉悦的观看体验，剪映也为用户提供了这种音效的添加功能。

01 在轨道区域中将时间线定位至需要添加音效的时间点，在未选中素材的状态下，点击"添加音频"选项，或点击底部工具栏中的"音频"按钮 ♪，打开"音频"选项栏，点击"音效"按钮 ，如图7-45所示。

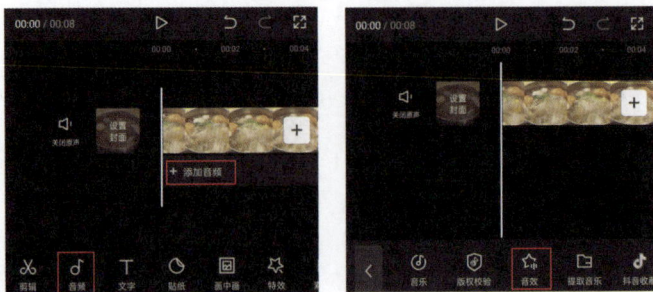

图 7-45

02 打开"音效"选项栏，如图7-46所示，可以看到其中有综艺、笑声、机械、BGM、人声、游戏、魔法、动物等不同类别的音效。

03 添加音效的方式与添加音乐的方式一致，点击音效右侧的"使用"按钮 使用，即可将音效添加至剪辑项目中，如图7-47所示。

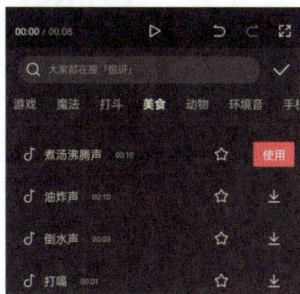
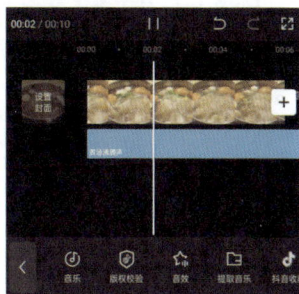

图7-46   图7-47

7.2.3 提取音乐：分离视频中的音乐

剪映除了支持用户导入音乐库中的音乐外，还支持用户对本地相册中存储的视频进行音乐提取操作，简单来说，就是将其他视频中的音乐提取出来并应用到剪辑项目中。

01 在轨道区域中将时间线定位至需要添加音效的时间点，在未选中素材的状态下，点击"添加音频"选项，或点击底部工具栏中的"音频"按钮♪，打开"音频"选项栏，点击"提取音乐"按钮▣，如图7-48所示。

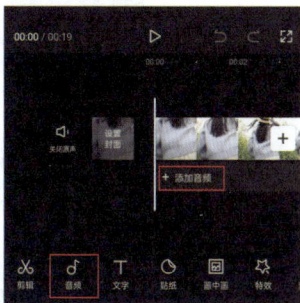
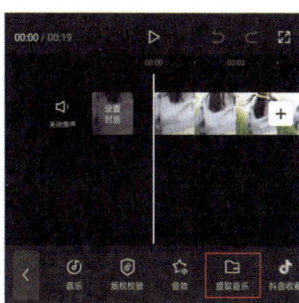

图7-48

02 完成上述操作后，将打开素材界面，选择界面中带有音乐的视频，然后点击"仅导入视频的声音"按钮，将视频素材中的音频添加至剪辑项目中，如图7-49所示。

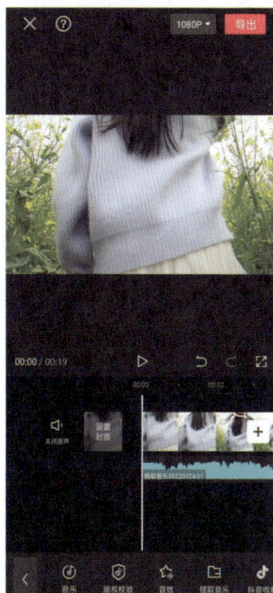

图7-49

7.2.4 抖音收藏：联动抖音快速配乐

剪映是抖音官方推出的剪辑工具，直接与抖音相关联，所以剪映是支持用户在剪辑项目中直接添加抖音短视频中的音乐的。

01 打开剪映主界面，点击"我的"，然后登录自己的抖音账号，如图 7-50 所示。完成这一操作后，剪映就与抖音建立了连接。

图 7-50

02 登录之后，用户可以重新进入剪辑项目，打开"音频"选项栏，点击"抖音收藏"按钮，就可以在剪映的音乐库中看见在抖音中收藏的音乐了，如图 7-51 所示。

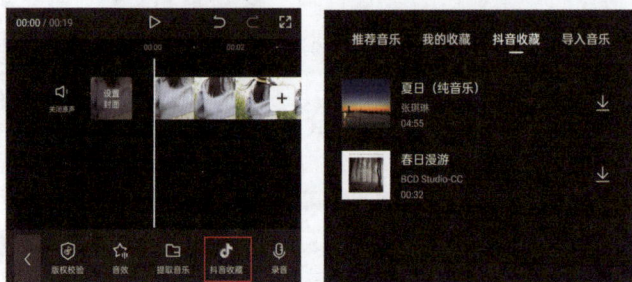

图 7-51

03 "抖音收藏"里的音乐添加方法与添加音效的方式一样，点击音乐素材右侧的"使用"按钮 **使用** ，即可将音乐素材添加至剪辑项目中，如图 7-52 所示。

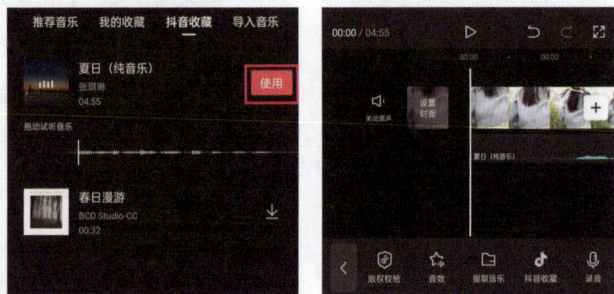

图 7-52

7.2.5 录音：特殊嗓音轻松实现

剪映中的"录音"功能，可以让用户实时为剪辑项目完成旁白的录制和编辑工作。不过，在录音时，环境的干扰可能会影响音频质量，所以在使用"录音"功能时，应尽量选择一个安静且没有回声的环境。

01 在轨道区域中将时间线定位至需要添加音频的时间点，在未选中素材的状态下，点击底部工具栏中的"音频"按钮♪，打开"音频"选项栏，点击"录音"按钮◑，按住红色录制按钮即可开始录音，如图7-53所示。

02 在按住录制按钮录音时，轨道区域中将生成一段音频素材。录制完成后，释放录制按钮即可停止录音，然后点击右下角的"√"按钮保存音频素材，如图7-54所示。

03 选中音频素材，用户便可以对音频素材进行音量调整、淡化、分割或变声等操作，如图7-55所示。

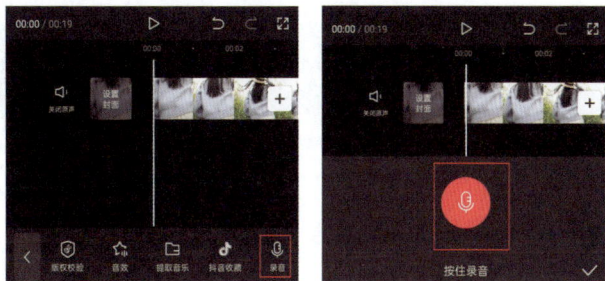

图 7-53

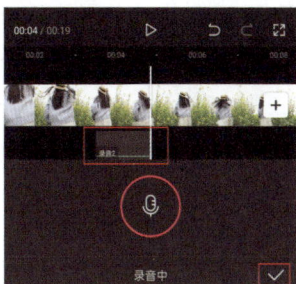

图 7-54

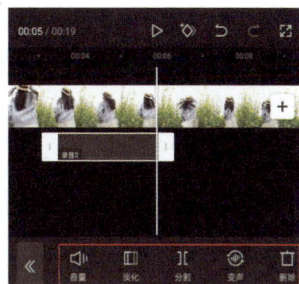

图 7-55

7.2.6 淡化：让声音的出现不再尴尬

设置音频淡入淡出效果后，可以让短视频的背景音乐显得不那么突兀，给观众带来更加舒适的视听感。下面介绍使用剪映App设置音频淡入淡出效果的操作方法。

01 在剪映App中打开一个含有音频的剪辑项目，如图7-56所示。

02 进入视频编辑界面，选中音频轨道，点击底部工具栏中的"淡化"按钮◱，如图7-57所示。

图 7-56

图 7-57

03 进入"淡化"界面，设置相应的淡入时长和淡出时长，如图7-58所示。

04 单击"√"按钮，即可给音频添加淡入淡出效果，如图7-59所示。

图 7-58　　　　　　　图 7-59

7.2.7　踩点：制作卡点效果的关键

卡点一般分为两类，分别是图片卡点和视频卡点。图片卡点是指将多张图片组合成一条视频，让图片根据音乐的节奏有规律地进行切换；视频卡点则是指视频根据音乐节奏进行转场或内容变化，或是高潮情节的发展与音乐的节奏变化同步。

01 在轨道区域中选中音乐素材，点击底部工具栏中的"踩点"按钮 📍，打开"踩点"选项栏，点击"自动踩点"按钮，然后点击"踩节拍Ⅰ"或"踩节拍Ⅱ"，如图7-60所示。完成操作后，点击右下角的"√"按钮。

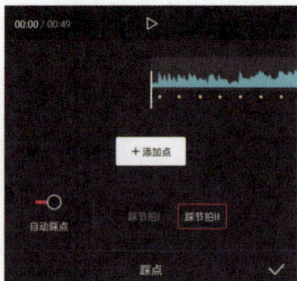

图 7-60

02 此时可以看到轨道区域中的音乐素材上出现了黄色的标记点，如图7-61所示。用户可以根据音乐素材上的标记点对视频素材进行分割。

图 7-61

7.3 字幕：丰富信息的传递方式

字幕就是将语音内容以文字的形式呈现在视频画面中，可以帮助观众更好地接收和理解视频内容。

7.3.1 新建文本：大小位置随时调整

在剪映中，用户可以自行在画面中添加文字，并调整文字的大小以及文字在画面中的位置。

01 创建剪辑项目之后，在未选中任何素材的状态下，点击底部工具栏中的"文字"按钮 T，在打开的"文字"选项栏中点击"新建文本"按钮 A+，如图 7-62 所示。

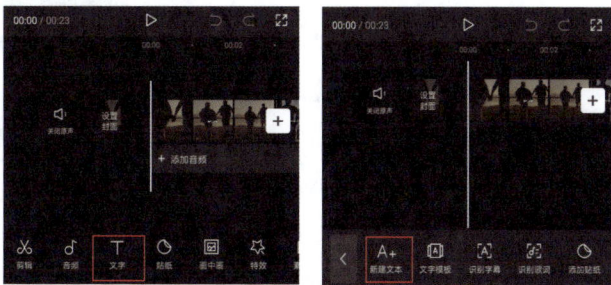

图 7-62

02 完成上述操作后，界面中将弹出输入框，用户可以根据视频内容输入文字，文字内容将同步显示在预览区域中，如图 7-63 所示。输入完成后，点击"√"按钮，即可在轨道区域中生成文字素材。

03 在轨道区域中添加文字素材后，选中文字素材，按住素材前端（或尾端）的图标进行拖动，可以对文字素材的时长进行调整，也可在底部的工具栏中点击相应的工具按钮对文字素材进行分割、复制、删除等操作，如图 7-64 所示。

图 7-63

04 在预览区域中可以看到文字的周围分布着一些功能按钮，如图 7-65 所示。用户可以通过这些按钮对文字素材进行调整。点击右上角的 ⊘ 按钮可以打开键盘，对文字内容进行修改；按住并拖动右下角的 ⊡ 按钮可以对文字进行缩放和旋转操作；点击左下角的 ⊡ 按钮，可以复制文本；按住文本框进行拖动，可以调整文字在画面中的位置。

图 7-64

图 7-65

7.3.2 文字模板：为文字添加样式效果

　　在创建了基础字幕后，用户还可以对字幕的字体和颜色等样式效果进行调整，剪映中有很多样式模板可供用户选择。

01 在轨道区域中选中文字素材，点击底部工具栏中的"样式"按钮 **Aa**，打开字幕样式栏，如图 7-66所示，用户可以选择任意一种效果并直接点击应用。

02 用户也可以切换至"样式"选项栏，自行对字幕的描边、背景、阴影、排列等进行调整，如图 7-67所示。

图 7-66　　　　　　　　　图 7-67

7.3.3 识别字幕和歌词：自动添加字幕的好帮手

　　剪映的"识别字幕"功能，可以对视频中的语音进行识别并自动生成字幕，帮助用户快速完成字幕的添加工作，从而节省时间。

01 在轨道区域中添加需要识别的视频素材后，在未选中任何素材的状态下，点击底部工具栏中的"文字"按钮 **T**，打开"文字"选项栏，然后点击"识别字幕"按钮 **A**，如图 7-68所示。

02 在界面中弹出提示框后，点击"开始识别"按钮，识别完成后，轨道区域中将自动生成文字素材，如图 7-69所示。

图 7-68

图 7-69

03 从图 7-70 中可以看到，识别出来的文字素材会自动分段，文字素材与文字素材的间隔是视频中没有语音的部分。用户可以参考文字素材来识别视频中多余的部分，对视频进行裁剪，这种方式对剪辑口播类视频来说是十分实用的。

图 7-70

7.4 画面优化：为视频锦上添花

在学会了基本的视频裁剪、画面调色、音频处理、字幕设置之后，用户应该已经可以运用这些技巧剪辑出一条完整的视频了，但若想让视频更加有趣、更加炫酷，用户可以尝试在视频中适当地加入一些贴纸和特效等装饰元素。

7.4.1 贴纸：妙趣横生的附加元素

剪映里面有各类型的贴纸效果，比如指示、爱心、界面元素、游戏元素、边框，等等。在视频里添加贴纸元素通常可以起到遮挡作用，也能让视频画面看起来更加有趣。

01 在轨道区域中添加需要使用的视频素材后，在未选中任何素材的状态下，在底部的工具栏中点击"贴纸"按钮 → "添加贴纸"按钮，如图 7-71 所示。

图 7-71

02 打开"贴纸"选项栏，可以看到各种类型的贴纸，用户可以根据实际需求点击任意一款贴纸将其添加至视频当中，如图 7-72 所示。

03 在预览区域中，可以看到贴纸的周围分布着一些功能按钮，如图 7-73 所示。这些按钮的功能与文本框的功能按钮相似。点击右上角的 按钮可以对贴纸进行动画效果设置；按住并拖动右下角的 按钮可以对贴纸进行缩放和旋转操作；点击左下角的 按钮，可以对贴纸进行复制操作；按住贴纸进行拖动，可以调整贴纸在画面中的位置。

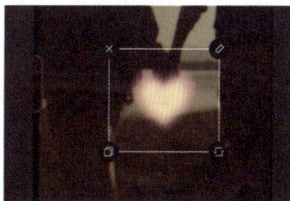

图 7-72

图 7-73

7.4.2　画中画：炫酷视频的必备操作

剪映的"画中画"功能可以让不同的素材出现在同一个画面中，这一功能经常用来制作解说类和教学类视频使用"画中画"功能还可以营造出诸如隔空对唱、一人分饰两角等创意效果。

01 打开剪映，在主界面点击"开始创作"按钮 ⊕，进入素材添加界面，添加背景图像素材，然后在未选中任何背景图像素材的情况下，点击底部工具栏中的"画中画"按钮 ⊡，然后点击"新增画中画"按钮 ⊕，如图 7-74 所示。

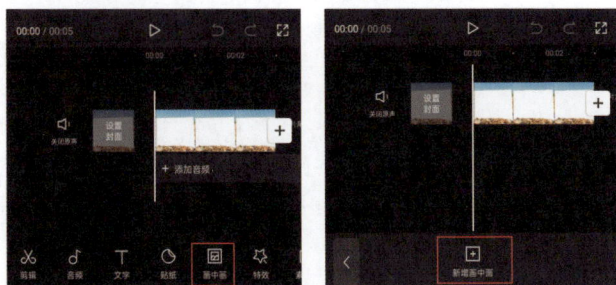

图 7-74

02 进入素材添加界面，选择需要的视频素材，将其添加至剪辑项目中。在轨道区域中选中背景图像素材，按住素材尾部的图标并将其向右拖动，使背景图像素材和视频素材尾部对齐，如图 7-75 所示。

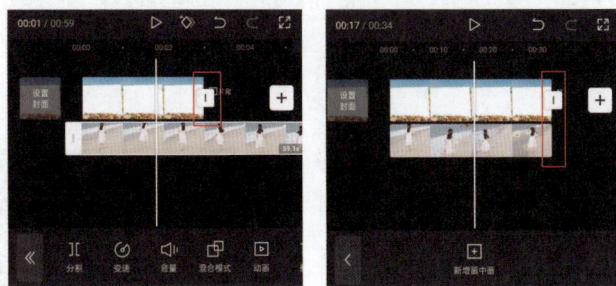

图 7-75

03 在轨道区域中选中视频素材，在底部工具栏中点击"编辑"按钮 ⊡，然后点击"裁剪"按钮 ⊡，在"自由"模式下拖动裁剪框将画面裁剪成想要的大小。在预览区域中将裁剪后的视频画面移动至背景图像中白纸所在的位置，如图 7-76 所示。

图 7-76

04 选中视频素材，在底部工具栏中点击"蒙版"按钮⬚，打开"蒙版"选项栏，点击添加"爱心"蒙版，然后在预览区域中调整蒙版的大小并拖动⬚按钮羽化蒙版，最后点击右下角的"√"按钮，将蒙版应用到视频素材中，如图7-77所示。

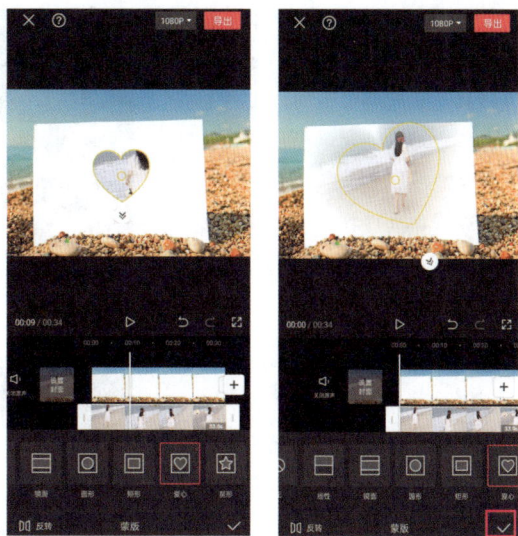

图 7-77

05 完成所有操作后，再为视频添加合适的背景音乐，即可点击视频编辑界面右上角的"导出"按钮，将视频导出到手机相册中。视频效果如图7-78所示。

图 7-78

7.4.3 特效：必不可少的吸睛元素

剪映里的视频特效可以帮助用户轻松实现"开幕""闭幕""模糊""纹理""炫光""分屏""下雨"等视觉效果，用户运用这些视频特效，可以轻松打造出吸引眼球的"爆款"短视频。

01 创建剪辑项目之后，在未选中任何素材的状态下，点击底部工具栏中的"特效"按钮⬚，打开"特效"选项栏，可以看到"画面特效"和"人物特效"两个选项，如图7-79所示。用户可以根据自己的需求来选择，这里以"画面特效"为例。

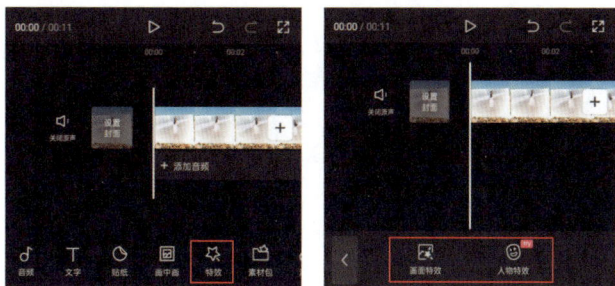

图 7-79

02 点击"画面特效"按钮 ，在"画面特效"选项栏中可以通过滑动操作预览特效类别，用户点击其中任意一种特效，即可将其应用至视频素材当中，移动"调整参数"下的滑块，可以调整特效的速度和不透明度，如图 7-80 所示。

图 7-80

03 添加特效之后，轨道区域中会生成一段可以调整时长和位置的特效素材。按住特效素材前端或后端的图标并拖动，即可调整其持续时长，如图 7-81 所示。选中特效素材进行左右拖动即可调整特效素材应用的时间段。

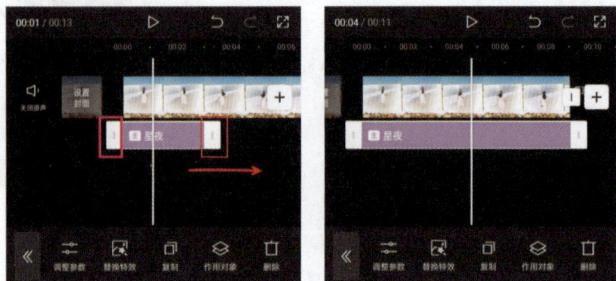

图 7-81

04 完成所有操作后，再为视频添加合适的背景音乐，即可点击视频编辑界面右上角的"导出"按钮，将视频导出到手机相册。视频效果如图 7-82 所示。

图 7-82

第 8 章

巧妙发布：
熟记平台规则

　　相较于快手用户喜欢其所关注的博主发布的视频与搜索同城视频，抖音用户则更爱"刷"推荐页，在"刷"到有趣的视频或者对其有用的视频时就会点击关注。所以，抖音视频只有"上热门"才能被更多人看到。本章主要内容包括"上热门"的五大前提、获得热门推荐的技巧以及作品发布技巧。

8.1 把握前提："上热门"的五大前提

新手开始运营账号时都需要经历启动期，这时候最重要的目标就是获得平台的热门推荐，下面介绍获得平台热门推荐的五大前提。

8.1.1 要原创：原创才能"上热门"

"蹭热点"是打造热门视频的方式之一，但若是模仿式、抄袭式"蹭热点"，即使运气好，也只能单条视频火爆，很难实现长期的、大量的粉丝增长。

抖音有不少千万粉丝的账号，其视频风格往往别具一格，富有创意且很难被模仿。图 8-1 所示的账号，通过独特的创意与贴近生活的故事，一举收获了百万的播放量，由此可见原创内容的重要性。

原创内容的重要性体现在以下几个方面。

1. 不原创做不大

抖音中的视频数不胜数，平台上的用户每天能生产成千上万条新视频。这些视频中有些是模仿和克隆的，内容同质化非常严重，更有甚者不惜生产低俗内容以博人眼球。

图 8-1

内容同质化太严重会让用户找不到独特点，重复的内容甚至还会引起用户的反感。因此，想在抖音做大做强，就必须坚持原创。原创力才是核心能力。

2. 平台的价值导向

原创也是抖音平台的价值导向。抖音鼓励原创，对于搬运视频有所限制，搬运视频过多的账号会被系统自动降重，如图 8-2 所示，过多搬运视频会被系统警告。

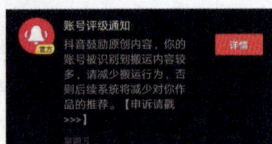

图 8-2

同时，随着抖音的发展和平台内容数量的快速增长，抖音对内容的把控必定越来越严格，来自外部的监控也会越来越严格，无论是内部还是外部，都会迫使抖音进行规范化管理，给原创内容分配更多的流量，换言之，也就是对非原创内容的发布进行限制。

3. 原创内容侵权风险极低

非原创内容侵权的风险是很高的，犹如埋下了一颗随时会被引爆的炸弹，侵权账号不知何时就会收到来自版权作者、肖像权所有人发来的律师函。

当纠纷发生时再解决侵权问题就会变得十分被动，不仅会遭受金钱损失，还可能会遭受名誉上的损失，辛辛苦苦运营的账号也可能会被封杀。

因此，只有把目光放在原创内容上，做有价值的原创内容，才是长久之计。

4. 原创内容的变现渠道广、变现能力强

创作者对原创内容的把控力度更大，限制更小。原创内容变现的渠道更多元化，变现的能力更强。

图 8-3 所示的账号能通过售卖原创物品实现变现，这是非原创内容账号所不能做到的。

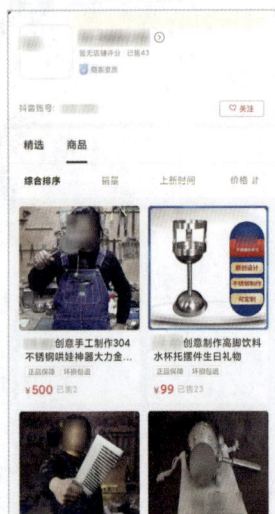

图 8-3

综上所述，持续发布优质的原创内容固然不易，但是坚持原创的回报也是很大的。

8.1.2　拍完整：拍成系列难"上热门"

在创作视频时，要保证适当的视频时长和内容的完整性，视频如果短于7秒是很难被推荐的。保证适当的视频时长才能保证视频的基本可看性，内容完整才有机会"上热门"。如果内容不完整，观众会看得很难受。如果打算拍成一个系列，打造连续剧模式也很难获得热门推荐。抖音用户习惯观看推荐页视频，很少会点进博主的页面观看新视频，如果视频内容不完整则很难吸引新用户，而粉丝也不一定能"刷"到新发布的视频，这就有可能造成视频内容优质但收益不高的现象。要保证每条视频的内容完整才有机会获得热门推荐。图8-4所示的账号发布的大部分视频时长保持在15秒左右，视频内容完整、富有内涵，且表达方式独特，从而获得了很高的播放量。

图 8-4

8.1.3　无水印：不能有第三方水印

抖音中的热门视频不能带有第三方平台的水印，一旦出现，抖音就会将视频限流甚至下架，因为水印可被视为第三方平台的广告。热门视频也不能使用不属于抖音的贴纸和特效，否则不会被平台推荐，也就失去了"上热门"的机会。

用户在制作和上传视频的过程中，需要认真检查视频画面，防止出现水印。如果发现画面中带有水印，可以通过相关软件去除水印或打码之后再上传，例如可以将持有水印的视频导入Pr，然后利用Pr创建模糊蒙版来遮盖水印。

8.1.4　高质量：质量经得起时间考验

高质量既包括视频内容的质量，也包括视频画面的质量。在拍摄视频之前，策划视频内容是一项重要的工作，优质的内容会吸引更多的观众，也更容易变现。

优质内容的基本要求是画面要稳定，如果创作者不能正确地掌握一些拍摄技巧，在拍摄时画面抖动幅度过大，就会造成画面质量变差，观众在观看的时候会产生不适感。不管采用何种运镜手法，保持画面稳定是最基本，也是最重要的要求，同时也是对用户最基本的尊重。

除了保持画面稳定之外，保持画面清晰同样重要。在拍摄前，提前设置好手机的分辨率和帧率，可以有效防止视频画质过于模糊。

图 8-5

8.1.5　随主流：积极参加官方活动

平台推出的活动一定要积极参加，参与那些刚刚推出的活动所发布的视频，只要质量过关，都会获得推荐，运气好就能直接"上热门"。抖音已经引入了"抖音小助手"（见图8-5）用来引导用户参与活动，用户也可以借此查看抖音推出的活动。用户在发布视频时，也可以通过积极@抖音小助手来获得被推荐的机会。

8.2 热门技巧：什么样的内容更易"上热门"

如今抖音已成为一个内容多元化的短视频平台，每天都有上万条短视频被上传至抖音，而要想从中脱颖而出，运营者还需要掌握一定的技巧。下面将介绍"上热门"的技巧。

8.2.1 个性：打造独特IP

IP（Intellectual Property）是知识产权的英文缩写，它可以是一个故事、一种形象、一件艺术品、一种流行文化，这里的IP指的是账号独有的形象或内容，也是与其他用户产生区别的特点，在"内容为王"的抖音，IP的重要性不言而喻。

1. IP带来的好处

打造IP可以给运营者带来很多好处，具体如图8-6所示。

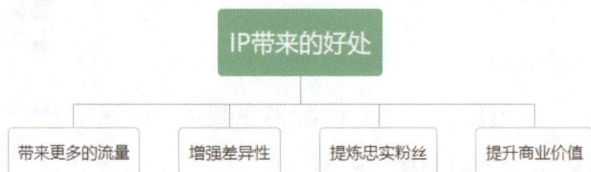

图 8-6

❏ 带来更多的流量

运营者成功打造一个IP，无疑会给账号增加热度。优质IP本身就具有某种光环，只要辅以适当的推广，IP很快会给账号带来巨大的流量。

❏ 增强差异性

打造出IP的账号比普通账号更有特点，IP能帮助运营者拉近与用户之间的距离，与竞争对手产生差异，使账号更容易被用户记住。IP随着平台的发展已经变得越来越多样化，普通用户没有足够的耐心一一了解，只会记住具有特色的IP。

❏ 提炼忠实粉丝

没有运营者希望自己的粉丝都是"僵尸粉"。那些打造出IP的账号，其粉丝黏性都很强，忠实粉丝的比例也很高，粉丝的综合价值极高。打造出IP往往意味着账号的个性化更突出，能给用户带来独特的体验。

❏ 提升商业价值

IP并不是一次性道具，真正强大的IP拥有强大的生命力，运营者借助它不仅可以输出优质内容，还可以衍生出一系列的周边产品，而这些产品可以带来更多的盈利机会，提升账号的商业价值。图 8-7所示的账号通过生产由其IP衍生出来的智能玩具获得了巨大的利润。

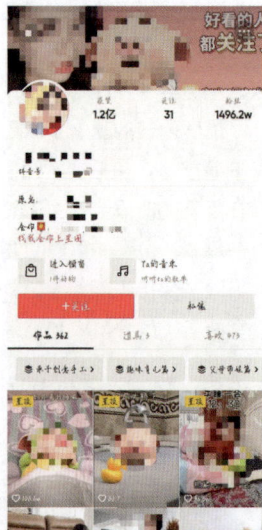

图 8-7

2. IP的4个特性

IP的4个特性如图8-8所示。

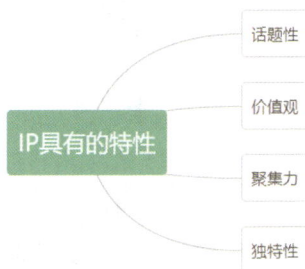

图 8-8

❑ 话题性

IP必须具备足够的话题性，否则难以提升热度。例如2020年的某档综艺节目十分火爆，其IP也具备足够的话题性，相关话题几乎每天都能上热搜。虽然不是每个IP都具有如此火爆的话题性，但至少要让用户找到值得讨论的地方。

❑ 价值观

IP必须努力传达积极向上的价值观。某些偏搞笑风格的IP虽然不太可能具有这种特性，但也必须让用户能从中感受到一些正面的东西，否则就会沦为一个没有内涵的空壳。

❑ 聚集力

像国内仍在不断开发的《西游记》等大IP，聚集粉丝的能力非常强。聚集力越强的IP，越容易创造经济收益，而要想提升IP的凝聚力就需要坚持发布优质内容，使IP形象能被更多人所知，被更多人喜爱。

❑ 独特性

没有哪件世界级艺术品是在模仿、抄袭的基础上创作出来的。打造IP也是同样的道理，IP要想获得成功就不能投机取巧。虽然不是所有具备个性的IP都能走红，但缺乏特色的IP几乎没有成功的可能性。

图8-9所示的账号就打造了一个比较成功的IP，目前发展势头仍然很好。其发布的视频画面精致程度不高，也没有曲折离奇的剧情，但平淡的人物对话中时不时出现积极向上的人生感悟，调动了无数用户的情绪，使他们纷纷在评论区写下自己的感受，同时深深记住了视频中的人物，这就是IP巨大的魅力。

打造IP不是短时间内能完成的，要日积月累，坚持下去才能成功。

图 8-9

8.2.2 创意：使视频具有特色

创意类视频包含一些"脑洞"大开的段子和日常生活中的创意等，出其不意的反转格外吸睛，即使是相似的内容也具有不同的笑点。图8-10所示的视频中，在人物跳起投篮的过程中更换了7个校园背景，仿佛一瞬间度过了大学4年，这种创意类视频适合毕业季发布。

图 8-11 所示的账号发布的视频均采用"热门音乐舞蹈+定格动画"的制作形式，花费了创作者大量的精力和时间，这类视频从不缺少用户的点赞和关注。

图 8-10

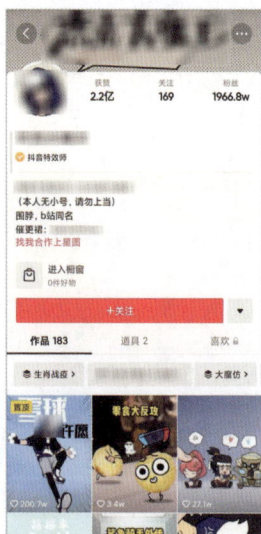

图 8-11

8.2.3 治愈：记录生活中的"小确幸"

生活中充满了美好，有时我们只是缺少了一双发现美的眼睛，用心记录生活，生活也会回馈惊喜。治愈类视频在抖音也非常火爆，视频内容都是身边随处可见的事情，极易引起观众的共鸣，从而获得点赞、评论及转发。

图 8-12 所示的视频是用手机记录的平凡生活的片段，经过快放的特殊处理后，充满浪漫气息，变得一点儿也不平凡。日常生活也能变得浪漫，仔细观察，身边还有更多的美好。

8.2.4 健康：弘扬正能量

正能量指的是一种健康乐观、积极向上的动力和情感。短视频本身就具有很强的示范作用，所以抖音希望能在日常的运营之外，专门拿出一些流量来引导用户传播正能量。下面是正能量视频的案例。

1. 好人好事

好人好事的范围很大，帮扶弱势群体、部队官兵与公安干警在恶劣环境中坚守岗位、人民教师在山区几十年如一日地坚守讲台等，都是传统意义上的好人好事，在抖音都可展现出来。

图 8-12

在抖音，那些弘扬正气、传播正能量的内容是特别容易火的。那些惩戒小人、打击恶势力、还弱者公道的视频，也很容易获得观众的点赞及转发。

好人好事类视频内容包括给环卫工人送水、看望孤寡老人等，如图 8-13 所示。这类正能量视频往往能触及人心柔软的部分，引起人们的共鸣，但是视频内容一定要真实，不要为了博人眼球而"摆拍"。

2. 文化内容

书法、乐器、武术等内容，在抖音一直都有很强的吸引力。创作者如果有一技之长，完全可以通过平台展现出来，如图 8-14 所示。

3. 拼搏进取的奋斗主题

跟拼搏进取的奋斗主题相关的视频都可以算是正能量视频。抖音曾在"两会"期间发起了"奋斗吧！我的青春"挑战，号召人们通过短视频展现出自己的青春奋斗故事。仅 3 天内，就有超过 10 万名用户参与了挑战，不少用户通过晒照片、录视频的方式分享了自己或父辈的奋斗经历。

这里需要注意一点，正能量视频和

图 8-13

图 8-14

美好生活视频有差别。从本质上说，前者属于后者，但并不是所有美好生活的内容都算得上有正能量。比如拍摄一只可爱的小猫的视频是美好生活视频，但不算正能量视频。但如果视频内容是，这只小猫在恶劣的环境中等待自己的主人回来，视频被赋予了这样的精神内核，那么也算得上正能量视频了。

8.2.5 反转：剧情出人意料

视频中出人意料的结局往往能让人眼前一亮。创作者在拍摄视频时要打破惯性思维，使观众在开头猜不出结局的走向，当看到结局时便会豁然开朗，忍不住为其点赞；或者让观众在开头就能"猜到"结局，但看完视频才知道结局并非自己所想的那样，这种突破常规的惊喜也能获得观众的喜爱。

图 8-15 所示的账号发布的内容一般会将正能量与反转相结合，给观众超出心理期待的惊喜。

8.2.6 话题：紧跟热门话题

很多用户会参加抖音上的挑战赛，如图 8-16 所示，视频都是原创，制作也很用心，但有时就是得不到系统推荐，点赞量也特别少。一条视频要想在抖音上火起来，除"天时、地利、人和"以外，还有两点需要注意，一是需要有足够吸引人的创新内容，二是内容丰富。要做到这两点，最简单的方法就是紧跟官方热点话题，抖音挑战榜中不仅有丰富的内容形式，而且还有大量的创新玩法。

图 8-15

图 8-16

抖音每天都会有大量不同的挑战活动，用户发视频的时候也可以添加一个挑战话题，优秀视频会被推荐到首页，也会引来更多相同爱好者的点赞与关注。用户可以通过抖音小助手的精选视频来分析这些获得推荐的视频的内容特点，学习其优点，以弥补自己的不足。

8.3　视频发布技巧

内容的制作要用心，发布的时间也有讲究。通常来说，人们的空闲时间是有规律的，如果能够在用户上线较多的时间段发布视频，则会获得更多的浏览量和点赞量。下面介绍视频发布技巧。

8.3.1　选择固定时间发布视频

统计资料显示，饭前和睡前是抖音流量最大的时间段，有超过60%的用户会选择在这些时间段打开抖音；有大约10%的用户会选择利用碎片化时间"刷"抖音，比如上下班路上；周末或者节假日，抖音的活跃用户数量则会大大增加。

具体来讲，一天中比较适合发布视频的几个时间段如图 8-17 所示。

⊃ 7:00～9:00 这段时间属于上班前的时间，大多数上班族在上班路上，无论是搭公交还是坐地铁，"刷"抖音都成了打发时间的一种方式。

⊃ 12:00～13:00 这段时间属于午休时间，人们在吃饭的间隙通常也会"刷"抖音，虽然这段时间比较短，但也挡不住部分用户"刷"抖音的热情。

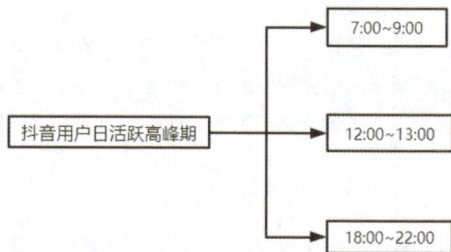

图 8-17

⊃ 18:00～22:00 这个时间段分为两小段：一是下班路上的碎片化时间，二是到家吃完饭后放松的时间。其中，到家吃完饭后放松的时间是"刷"抖音的黄金时间段，人们多在完全放松的状态下"刷"抖音，时间也足够充裕。

⊃ 节假日期间因为时间足够充裕，所以没有固定的流量高峰期，但视频应尽量在与往常相同的时间发布。

了解流量高峰期分布，有助于创作者更好地根据视频内容选择发布时间，而尽量选在同一个时间段发布可以获得更多的浏览量。

下面仔细分析一下各类抖音视频适合的发布时间，如图 8-18 所示。

⊃ 知识类、搞笑类视频适合在7:00～9:00 与12:00～13:00 两个时间段发布。上班族在上班途中与午休时会学习一些相关领域的知识，或观看搞笑类视频来放松心情。

⊃ 家教类、育儿类视频适合在20:00～21:00 发布。这段时间父母们有了空闲时间，很适合观看这类视频。

⊃ 情感心理类视频适合在21:00 之后发布。这段时间人们开始准备休息，精神彻底放松了下来，很容易被一些情感类视频打动。

⊃ 旅游类、创意类视频适合在18:00 以后或者节假日前发布，这时人们有充裕的时间观看。如果在节假日前发布旅游类视频，有的人正愁不知道怎么安排节假日时间，说不定"刷"到旅游视频后就有了想去旅游的冲动。

图 8-18

8.3.2 做好准备工作再发布视频

视频的发布看似简单，但其中有很多细节，重视细节的人才能抓住每一个机会，这也是明明两条视频内容质量差不多，但运用了发布技巧的那条视频却能获得更高热度的原因。下面将介绍几个比较实用的发布技巧，如图 8-19 所示。

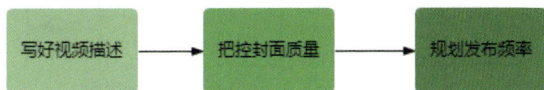

图 8-19

1. 写好视频描述

视频描述是运营者在发布视频时必须要填写的，如图 8-20 所示，在填写时要注意以下几个事项。

图 8-20

⟲ 字数不要太多，最好不要超过30字，15字左右最佳。尽量用一句话抓住用户眼球。一般而言，视频描述具有引导用户、预告或介绍视频内容等作用。比如，图 8-21 中的左图中写的"承认吧 在爱情里 每个人都是双标的"，是用一句类似爱情语录的话提示用户该视频的内容是讲爱情中的"双标"现象；而右图中写的"这歌都爱听吗？点赞高下个段子发副歌部分哦"，它起到了引导用户点赞、预告下期视频内容的作用。

⟲ 发布视频时带话题。在视频描述的文本框的左下方有一个"#添加话题"，点击它然后输入关键词，就可以添加相应的话题。抖音上常常会有很多热门话题，如果在发布视频时带上相关话题，有助于增加视频曝光度，但是切记，添加的话题一定要和视频内容是相关联的。

⟲ 用好@功能。@功能位于"#添加话题"的旁边，发布视频时可以@好友一起观看，让好友点赞、转发，提升视频的播放量；也可以@抖音小助手，抖音小助手是抖音专门负责评选精品内容的服务助手，在视频内容足够优质的情况下，发布视频时@抖音小助手，视频就有机会被它看到然后"上热门"；还可以@抖音红人或一些同行大号，"蹭"一波热度，从而获得更多曝光量。

2. 把控封面质量

用户在"刷"抖音的时候，第一眼看到的就是视频的封面。一个吸引人的封面肯定会让用户产生继续观看的冲动，从而使视频获得更高的点击率。那么该如何设置一个好封面呢？一般要注意图 8-22 所示的几个要点。

图 8-21

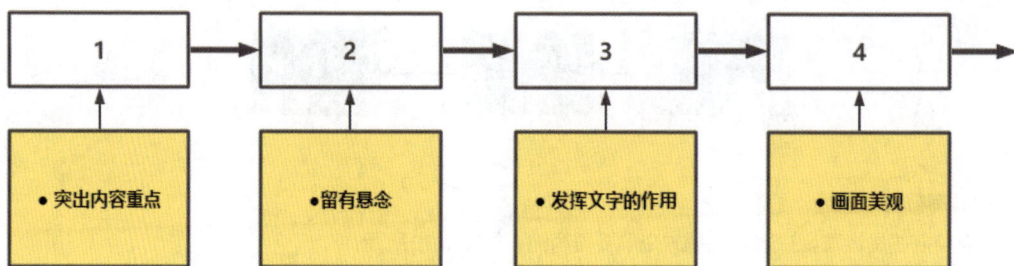

图 8-22

◐ 突出内容重点。以萌宠类视频为例，无论形式是什么，宠物都是视频的核心。那么，在设置封面的时候，运营者一定要截取视频中宠物最能吸引用户的那个画面。这种方式对于其他类型的视频也同样适用，但前提是，运营者一定要很清楚，视频要表达的重点是什么，用户最想看到什么。

◐ 留有悬念。很多账号都会通过在封面中设置悬念的方式来吸引用户，不过这种方式要配合文案来使用。比如，文案是"南北方的差异这么大吗？"，那么封面就可以采取南北方对比的形式，但不要一股脑将所有内容都放上去，不然会让用户失去好奇心。

◐ 发挥文字的作用。图片加文字是很常见的封面形式，但一定要注意文字的内容和格式。要充分考虑到文字的内容是否与主题相符，是否能调动用户的情绪。运营者可以直接从视频中提炼关键词，也可以适当地将文字夸张化，但不要使用与内容无关的文字。而且要保证文字足够清晰，引人注目，不遮挡图片中的关键内容。

◐ 画面美观。一些色彩艳丽、对比强烈的画面往往是很好的封面选择，因为画面好看、富有艺术感的封面能吸引用户目光。所以，设置封面时，运营者要去寻找最美、最精彩的那一帧画面，比如精彩的运动画面、最吸引人的美食画面等。

3. 规划发布频率

不同类型的短视频适合不同的发布频率。一般来说，重剧情、制作难度较高的短视频，一周至少更新两条；其他制作相对简单的短视频，比如美食类、萌宠类短视频，发布频率就比较高了，至少每天一条或者多条。运营初期是很关键的，在这段时间里运营者需要通过各种方式积累一部分流量，如果发布的速度跟不上，用户期待感很快就会消失，账号就很容易失去用户。而且目前热门领域竞争激烈，如果运营者的更新速度跟不上，其很快就会被取代。

8.3.3 错开高峰期发布视频

抖音有一个平台审核机制，视频发布后需要一定的时间才会被推送给用户观看，所以，在确定好视频投放时间段后，需要提前将视频上传审核，才能赶上用户活跃的高峰期。

一般审核时间为几分钟，具体时长受到机器和人工状态以及视频内容的影响，所以视频上传后要仔细关注审核状态，如果审核没有通过，要迅速修改视频内容，争取在高峰期通过审核。如果抖音粉丝数少，担心高峰期竞争力过大，也可以选择在高峰期以外的时间段发布视频。虽然用户数量没有高峰期时多，但竞争力比高峰时期小不少。

8.3.4 根据热点事件发布视频

根据热点事件发布视频则不需要考虑发布时间，热点出现后，越早发布视频越好，收益也越大。

虽然根据热点事件发布视频能带来大量的流量，但不能因为出现了热点事件而发布视频，必须坚持以下两个原则。第一，热点事件必须与账号内容有关联，如果账号内容与热点事件关联不大，用户不仅不会买账，还会产生反感。第二，必须坚持正能量。不是所有的热点都是好热点，有正能量是选择热点的前提条件。根据热点事件发布视频也需要创新，用户在刷到相近、甚至完全相同的题材时，前两次会在好奇心驱动下看完视频甚至甚至进行点赞、评论和转发，但如果用户多次刷到相同题材的视频，则会对失去观看视频的欲望。

8.3.5 根据直播计划发布视频

如果有直播计划，可以在直播前发布视频进行直播预热，吸引更多人进入直播间。

如果需要讲述与直播相关的事项，可以委婉地在视频中表达出来，但视频不要只包含与直播相关的内容，要明白视频内容足够精彩观众才会观看。

开启直播后，账号头像上会出现"直播"二字，如图 8-23 所示，此时观众点击头像能直接进入直播间。在直播前发布视频，如果视频内容有吸引力，观众点进直播间的概率也会增大。

图 8-23

第 9 章

品牌营销：
解锁更多企业营销玩法

品牌营销是通过市场营销使客户形成对企业品牌和产品的认知过程，是企业要想不断获得和保持竞争优势，必须构建高品位的营销理念。

品牌营销的关键点在于为品牌找到具有差异化、能够感染用户的核心价值，它能让用户明确、清晰地识别并记住品牌的利益点与个性，是驱动用户认同、喜欢一个品牌的主要力量。

9.1 快速了解抖音企业号

抖音企业号作为企业在抖音的经营阵地，为企业提供了"树品牌、找客户、做推广、带销量"四大价值。它不是对微信、微博等现有营销渠道的颠覆，而是一种有益的补充。抖音有着独特的平台基因，用户也与其他平台存在着一定的差异，所以企业利用抖音企业号进行营销推广时，不能只是单纯地模仿或复制微博和微信的营销玩法，而是要力求创新，精准对接用户个性化需求。

9.1.1 什么是企业号

抖音企业机构认证是抖音针对企业诉求提供的"内容＋营销"平台，为企业提供免费的内容分发和商业营销服务。企业号蓝V主要分为两种：第一种是企业组织认证的账号，就是常说的企业号；第二种是机构号，主要针对媒体机构。机构号与企业号在外观形态方面没有太大差异。一般来说，企业品牌运营抖音账号大都会选择认证企业号。

企业号本身具有独特的权益，是企业在抖音的经营阵地，能够帮助企业面向抖音海量用户"树品牌、找客户、做推广、带销量"，帮助商家经营好生意。在当今短视频的发展趋势下，抖音已经成为企业进行营销的主要阵地。截至2021年7月，抖音企业号总数量达到800万个，越来越多的企业正加速入局。2021抖音企业号产品发布会现场，抖音企业号宣布启动百亿流量扶持及权益升级等多项激励政策，并招募8000家服务商伙伴，通过企业号开放平台的生态共建，助力企业完善抖音私域建设，加速经营成长。

如果一个账号经常发布一些营销内容，很可能会被判定为营销账号，该账号的流量将会受到影响，但是当该账号被认证为企业号之后，其发布的营销内容将不会受到影响，平台会给予其正常的流量。

9.1.2 企业号认证获得的权益

相比于个人账号，抖音的企业号在内容发布、用户互动、营销组件上具有更强大的功能，除了可以获得抖音官方的后台权益和流量采买渠道之外，还可以保护品牌，防止盗版、仿版等假冒产品侵权，对于品牌营销是有很大帮助的。下面将为大家具体介绍抖音企业号享有的特权。

1. 昵称特权

企业号不能认证相同的企业昵称，在完成认证后，用户在搜索企业昵称时，企业号一般位于其他没有认证的普通账号上方，如图9-1所示，这就给予了企业号更多的曝光机会。

2. 认证标志

企业昵称下方会展示蓝V标志和认证信息，比如××市××公司或者×××公司，如图9-2所示，这些信息更能令人信服。

3. 网站链接和电话组件

在展示页，企业号支持官网H5链接和头条建站链接，售卖网站支持京

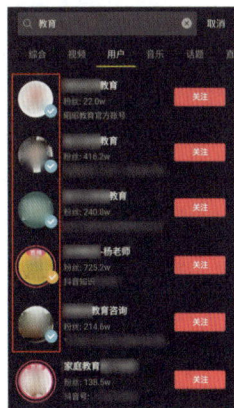

图 9-1

东、天猫、淘宝企业店铺。电话组件支持手机号、座机号和400号段，在主页可以一键跳转拨号，如图 9-3 所示。

图 9-2　　　　　　　　　　　　　　　　　　图 9-3

4. 视频内容置顶

在企业号的主页，可将视频置顶，以提高重点视频内容的曝光量，目前最多可以置顶3条视频，如图 9-4 所示。

5. 数据分析

开通企业号可以获得运营数据分析的特权，可分别从主页数据监测、视频数据监测及用户画像分析这3个方面进行用户监测。普通用户只能借助第三方工具获取数据，而且第三方所获取的数据并没有抖音官网给出的数据精准。

6. POI 地址认领

POI 地址认领，能够让企业在抖音主页展示企业店铺信息，例如相应的菜单、门店地址、门店电话等信息，如图 9-5 所示，能够让用户直

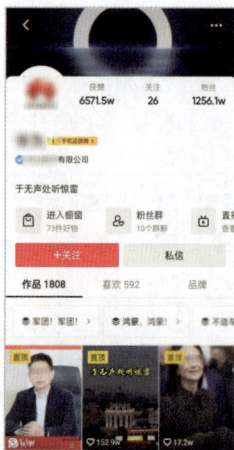 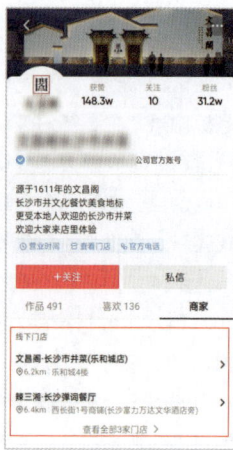

图 9-4　　　　　　　　　　图 9-5

接在抖音上呼出企业电话，为企业提供更加直接的信息曝光及流量转化渠道。

7. 私信管理

企业号运营人员可以通过 PC 端直接回复抖音私信，或者自定义内容进行自动回复，以减少运营工作量，避免因回复不及时造成用户流失，从而有效提升沟通效率。

8. 同步认证

在完成抖音企业号认证后，今日头条、抖音火山视频会同步认证，如图 9-6 所示，这样可以帮助企业传递业务信息，建立用户互动关系。

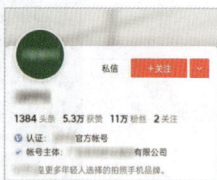  

图 9-6

9."DOU+"功能

抖音的"DOU+"功能可以为视频提供流量，运营者可通过付费的方式推广自己的视频，如图9-7所示。完成付费后，抖音会将视频精准推荐给有这一喜好的用户，以此来提高视频的播放量、点赞量等。

10. 活动卡券

认证企业号之后，企业能够在线发布自己的活动卡券，用户线上领取活动卡券后可以在线下核销，这大大增加了产品销量，提升了转化率。账号认证为企业号之后，可以在个人界面设置优惠券，如图9-8～图9-14所示。

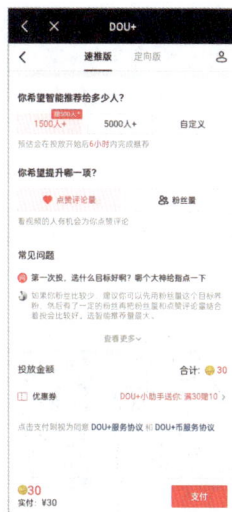

图9-7

图9-8

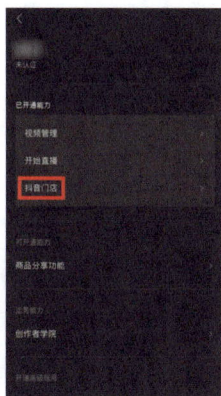

图9-9

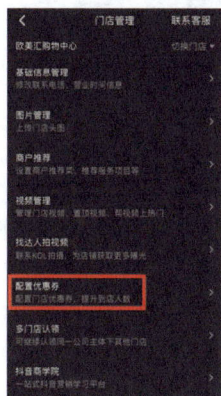

图9-10

图9-11

图9-12

图9-13

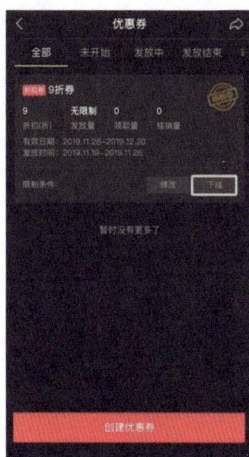

图9-14

完成设置后，用户在抖音搜索该店铺时，优惠券将出现在账号主页的"卡券"位置，如图9-15所示，可用于线下店铺核销。

企业可根据自身意愿对优惠券进行修改和下线处理。

11. 商品橱窗

商品橱窗功能一般适用于已开通淘宝店铺的企业号，能够更加直观地展示商品并促进销售，如图9-16所示。

图9-15

图9-16

12. 团购活动

团购活动是指商家将自己的商品或服务以优惠组合的形式呈现，然后在抖音平台进行售卖，用户购买后可以在线下店铺核销，实物类商品也支持第三方跑腿、快递等服务配送到家。团购活动需要在抖音门店里进行开通，如图9-17所示。

团购活动创建简单、无门槛、免佣金，商家可以将团购活动添加到视频内，用户在浏览视频时可以边看边买。

9.1.3 使用企业号的注意事项

在运营企业号前，需要对企业号的运营规则有一定的了解，同时要对账号做好整体运营规划。

首先，要对账号进行整体规划，对账号的曝光、口碑、转化设置一定的营销目标。其次，解决企业号的内容问题，明确账号要用什么样的内容去营销，什么形式的内容才是最合适的。最后是确定营销规划。有了营销目标和内容后，就该考虑怎样将内容投放在抖音上并取得更好的传播效果。

在做抖音企业号规划之前，需要明确一个概念——人格化。人格化是企业号运营中非常关键的一点，因为人格化的内容有助于实现企业未来的营销目标。

图9-17

9.1.4　企业号的价值

抖音企业号的核心价值主要体现在以下两个方面。

1. 建立企业在抖音平台上的用户资产

一般来说，许多企业在进行短视频营销时，只是一次性投放，视频传播过后只能留下曝光数据。但有了企业号这种载体之后，企业就可以把通过曝光带来的用户真正地沉淀下来，让其成为自己的粉丝，积累的粉丝越多，营销成本越低。

2. 沟通年轻用户

抖音用户大部分都是年轻人，60%～70%的用户为"95后"和"00后"，这些人是未来重要的消费群体。企业号将会成为企业进行营销的一个非常重要的手段。另外，通过与年轻用户接触，企业可以更有效地找到他们的喜好，便于为转型和营销提供非常好的方案。

9.2　账号认证：增强品牌的权威性

抖音蓝V认证是抖音官方面向企业提供的一项服务，可以帮助企业进行内容分发和营销推广，为企业带来商机，打造广袤的营销空间。

9.2.1　企业号认证的材料和要求

目前认证抖音企业号有两种方法，一种是商家自主认证，通过抖音认证官网或者抖音客户端提交申请，另一种是寻找专业认证团队协助认证。

不管是自主认证还是寻找认证团队协助认证，官方都要收取一定数额的审核费用。这两种方法的不同之处在于，认证团队熟悉官方流程，能更高效地帮商家完成认证。

下面介绍自主认证的两种方式。

1. 手机端认证

01 在手机端认证企业号时，首先需要打开抖音，点击"我"选项，然后点击右上角的菜单按钮，再点击"设置"选项，点击"账号与安全"选项，如图9-18所示。

图 9-18

02 点击"申请官方认证"选项，再点击"企业认证选项"，跳转至试用企业号的页面，勾选底部的"同意并遵守《抖音试用及普通企业号服务协议》"，点击"0元试用企业号按钮"按钮，进入企业号认证界面，按照步骤提示提交资料即可，如图9-19所示。

图 9-19

2. PC端认证

在PC端认证时，首先需要在计算机的浏览器中搜索抖音官网，进入官网后，点击"立即认证"选项，登录个人账号后，就可以开始认证了，根据步骤提示进行操作即可，如图9-20和图9-21所示。

图 9-20

图 9-21

9.2.2 企业号认证的注意事项

在认证抖音企业号时，需要注意一些问题，以免造成认证不成功或视频限流等得不偿失的情况。在认证前，务必仔细阅读《企业认证审核标准》，特别是不支持认证的行业，不要提交认证申请，如有不支持认证的行业提交申请，或是提交的资质存在无效、不实等情形以及申请认证的账号信息不符合平台要求，将做认证失败或不予通过处理，认证失败或不予通过的，不退还审核服务费用。

1. 账号信息

账号信息包括昵称、头像与签名、背景图、认证信息等，下面进行具体介绍。

❏ 昵称

抖音对昵称的要求比较严格，主要有以下几个需要特别注意的地方。

➲ 昵称应为基于公司（或品牌）或产品的全称或无歧义简称，谨慎使用简称，如"小米"应为"小米公司"，"Keep"应为"Keep健身"，易混淆类词语必须添加后缀。具体业务部门或分公司不得使用简称，如"美的电饭锅"不得申请"美的"。

➲ 不得以个人化昵称来认证企业账号，如××公司董事长、××公司CEO、××小编等；或系统默认无意义的昵称，如"手机用户123""abcd""23333"等；涉及名人引用但无相关授权的无法通过审核。

➲ 昵称不允许重名，企业认证采取先到先得的原则，但也不支持恶意抢注，需提供能够支持昵称内容的所有相关资质。分公司或分产品线的账号不建议以总公司昵称入驻，以免影响后续总公司的注册。

➲ 如体现特定内容，需结合认证信息及其他扩展资料判定。涉及应用类，提供软著（计算机软件代码著作权）；涉及网站，提供ICP截图；涉及品牌及商标，提供商标注册证。例如"下厨房App"需提供软著，"雅诗兰黛"需提供商标注册证明。

➲ 昵称宽泛的不予通过。拟人化宽泛，如"小神童"；范围宽泛，如"学英语"；地域性宽泛，如"日本旅游"，都不予通过。用户品牌名、产品名、商标名涉及常识性词语时，如"海洋之心"，必须添加后缀，如××App、××网站、××软件等，否则无法通过审核。

➲ 昵称中不得包含"最""第一"等用词，广告法禁止使用及虚假、欺骗、引诱类词汇不允许出现，易造成用户混淆、误认的内容不允许出现；昵称中不得散布类似的商业招揽信息、过度营销信息及垃圾信息。

➲ 昵称不得仿冒官方或疑似官方，如××头条、抖音推荐、抖友/段友、火山精选、抖商等内容。

❏ 头像与签名

头像应与公司、品牌或产品有一定关联性，且不侵犯其他品牌或第三方的合法权益。不得使用空白头像或系统默认头像，不得使用违反平台规范的头像。

签名应与公司、品牌或产品有一定关联性，不得出现联系方式或其他社交网络平台的信息，不得出现营销信息。

❏ 背景图

背景图片中不得出现违法、违规或违背社会公序良俗的内容，不得散布商业招揽类信息、过度营销信息及垃圾信息。

❏ 认证信息

➲ 抖音企业号认证信息不应超过16个字。

⊃ 企业号为公司本身申请，需与营业执照上的企业主体名称一致，例如广州×××信息科技有限公司、××（杭州）网络有限公司。

⊃ 企业号为公司自有品牌申请，形式应为"品牌名全称+官方账号"，例如×××官方账号。

⊃ 企业号为公司代理品牌申请，形式应为"品牌名全称+区域+官方账号"，例如×××北京官方账号。

体现商标、游戏、应用、网站、代言信息，需提供对应资质或授权，如品牌无法提供相应资质，认证信息则为营业执照的企业主体名称。

2. 证照上传

在上传证照时需要注意，营业执照应为彩色扫描件，营业执照各字段及印章要保证完整且清晰，目前只支持工商局或市场监督管理局登记的企业。认证申请公函内容填写要完整，扫描件要加盖彩色公章，不支持使用财务章、合同章、人事章。

3. 行业准入

公司名称、经营范围、企业号账号信息涉及以下内容，不予通过企业认证：涉军涉政类、违法违规类、危险物品类、医疗健康类、赌博类、两性类、封建迷信类、招商加盟类、手工加工类、文化艺术收藏类、高危安防设备类、侵犯他人隐私的器材、微商、山寨品牌、代购等。

抖音企业号认证时需要注意，以下几个行业禁入。

⊃ 医疗健康行业（包括但不限于医院、非处方药物、医疗器械、保健品、中药材等）禁入。

⊃ 金融行业：传统金融（包括但不限于信托、私募等）禁入，"一行三会"会员企业禁入，互联网金融（包括但不限于虚拟币、网贷、P2P等）禁入。

⊃ 烟草行业（包括但不限于烟草制品、电子烟、雪茄等）禁入。

企业申请财经、法律相关分类的企业号时，企业营业执照经营范围必须包括财经、法律类服务，否则将不予通过。发布过违法、违规内容，违反社区规则或已被封杀冻结的账号，暂不支持申请企业号认证。

9.3 企业号内容的策划技巧

随着抖音的崛起，一些企业将其视为新型营销利器，并通过短视频营销取得了不错的效果，但也有部分企业的营销效果不尽如人意。抖音是一个短视频平台，在抖音运营企业号一定要提前策划短视频内容并做好账号定位，同时还要学会利用话题来增加视频的曝光量。

9.3.1 个人短视频与企业短视频的区别

很多人分不清个人短视频与企业短视频有什么区别，认为都是拍视频打广告，没有什么不同。其实相较于个人号来说，企业号要严肃正规一些，毕竟代表的是企业形象，在与粉丝互动时也要时刻注意言语用词，以免让粉丝对企业产生不好的印象。而个人短视频的自由程度更高，用户可以发布自己感兴趣的内容，评论和点赞也会相对自由一些。

除上述内容以外，个人短视频与企业短视频的区别还体现在以下几个方面。

1. 认证主体不同

抖音个人号认证主体是利用个人身份证进行实名认证的，不需要额外付费。开通商品橱窗、开直播时，都需要先完成实名认证，使用个人身份证进行认证即可。

抖音企业号认证主体是公司或个体工商户，以企业身份运营抖音账号，需要支付一定费用。进行企业号认证时，需要提交公司或者个体工商户的相关资料，开通抖音小店、认证蓝V等需要完成企业认证。

2. 附加功能不同

抖音个人号没有附加功能，具有直播、开通商品橱窗等基本功能。相对而言，企业号的附加功能较多，包括显示蓝V标志，全昵称搜索置顶显示，个人主页可以展示企业信息、添加官网链接、电话号码、商品单页、开通抖音小店等，这些功能都是针对企业推出的推广型功能，必须要认证企业号之后才能享受，图9-22所示分别为抖音个人号与企业号的主页。

图 9-22

3. 运营身份不同

抖音个人号主要以个人身份进行运营，账号的名字、头像、作品等都基于个人的定位。个人账号的名字不能使用××公司、××企业等。

抖音企业号主要以企业的身份运营号，账号的名字、头像和作品等都代表着企业的形象，需要企业认真设置。

9.3.2 策划企业短视频的一般流程

抖音企业号与个人号不同，面向的群体也不同，所以在策划短视频内容时需要格外严谨，维护企业形象很重要。在策划企业短视频前，需要提前了解策划的一般流程。

1. 确定目标

创作企业短视频的目的都是通过短视频来赚钱，所以在策划企业短视频前必须先确定目标，比如获得多少曝光量、粉丝量、产品销量等。以促进销售为主的账号和以促进曝光为主的账号，适合发布的短视频内容是不同的。要想增加产品销量，就必须对品牌特点、产品优势、受众等进行深入了解。

2. 确定人设

虽然运营抖音账号最重要的是发布短视频内容，但也需要提前打造人设，也就是规划账号的受众、定位，以及传递给观众的观点和带给观众的体验等。

打造人设时需要了解企业产品，理清账号的变现方式，制定短期目标，并对全网的竞品进行分析。运营企业号，运营者要先花一段时间认真研究前期的账号设定、内容方式和运营方式，这样才能更快变现，不要认证之后就开始发布视频。

3. 制定内容策略

确定好人设之后，需要制定内容策略。比如某个账号的人设是公司老板，平时与员工打成一片，相互协作，这时就可以以办公室为场景，以轻松且幽默的方式记录员工在工作时间的活动等，让观众感受到欢乐，产生也想加入这个集体的想法。

在发布视频的时候，记得加上公司品牌或地址信息，让观众在观看视频时记住这个品牌，久而久之，企业号的传播率将会越来越高。

4. 制定运营策略

制定运营策略主要是指在账号运营阶段，观察数据的表现及观众反馈情况，为其策划一系列的推广活动。举个例子，当视频发布后，若完播率大于30%，这条视频就可以被抖音判定为有机会"上热门"，这时可以采取的策略是使用"DOU+"功能，让视频获得更高的播放量。

当账号需要进行专场直播时，就需要根据产品性质、直播时间等策划一系列直播脚本。一般情况下，一场专场直播需要投入3人，包括一个主播和两个场助，这样能更好地完成直播的工作内容。

9.3.3　企业号内容策划需要注意的细节

在策划企业短视频时，首先要对短视频进行内容定位，比如开箱视频、剧情视频、日常类视频等。在拍摄企业短视频的时候，一定要记得将其与淘宝电商视频区分开来，不要专注于介绍产品而忽略观众的感受。企业要更多地考虑怎样才能通过短视频宣传产品的亮点，让观众产生兴趣，并因此产生购买的欲望。

创作者在策划企业短视频时需要注意以下4个细节。

1. 感染力

视频内容一定要具有感染力，不管是搞笑、煽情还是愤怒，视频内容要能够触动观众的内心，让观众产生共鸣。比如美食类视频，就可以加拍一些吃东西的镜头，这样可以增强观众的代入感和满足感。

2. 差异化

拍摄企业号产品视频时，要体现出其与同类产品的差异，放大自身产品的亮点，让观众产生尝试的欲望。比如款式一样的碎花连衣裙，但是在细节上有所不同，在拍摄时就多拍摄几个特写镜头，放大不同之处让观众眼前一亮。

3. 包容力

企业号的视频内容要具有包容力，既要有一定的深度，传输深刻的价值观，也要经得起推敲，让观众回味无穷。打造企业号不仅要对相似品牌有包容性，也要对其他品牌有包容性。

4. 溢价能力

视频内容需要提升品牌产品的溢价能力，通过剧情创造品牌发展的更多可能，能够让品牌产品卖出更高的价格，并让观众自愿为产品买单。

9.4　营销技巧：快速提升企业的品牌影响力

短视频运营是指在抖音、快手等短视频平台进行宣传、推广及营销。运营者通过策划优质短视频内容向用户精准传达产品、活动等的相关信息，扩大宣传范围，促进销售，从而达到经济目的。

9.4.1　企业品牌营销的步骤

品牌营销是通过企业频繁地进行市场营销和推广，让用户认识、熟悉、认可、信任企业品牌和企业产品，并感到满意的过程。从企业品牌长远发展的角度来看，企业若想长期处于竞争优势地位，就必须要做好品牌的宣传和推广。

1. "养号"

媒体还是直播带货，一个有权重的账号是最基础的要求，所以在注册一个新的抖音账号之后，不要急着更改账号资料或是发布视频作品，而是要先"养号"。

在养号的过程中，要模拟普通用户的行为"刷"抖音，对视频进行点赞、评论、关注、转发、下载、收藏，这些都是一个普通用户的基本操作，只要让抖音认为你的账号是新账号，并且是活跃用户即可。这么做的目的就是让抖音对新账号进行流量扶持，避免被判断为机器"养号"。

"养号"3～5天，然后在发布视频前改好账号资料，改完之后就不要再反复修改了，避免让观众产生混乱感。此外，也要特别注意前5个视频的发布，千万不要乱发，因为前5个视频会获得抖音对新账号的流量扶持。抖音会通过账号的前5个视频识别账号属性，为后面进行标签化、智能流量分发打好基础。

2. 使用数据工具

要想运营好抖音账号，工具的选择也很重要。在运营前期，新手常用的工具就是数据分析工具，比如飞瓜数据、新榜有数、抖查查等。数据分析是抖音账号运营至关重要的一个环节，主要是通过分析数据获得用户画像，再根据用户喜好发布更为精准的内容，提升变现效率。

下面介绍几款常用的数据分析软件。

❏　飞瓜数据

飞瓜数据是一个专业的短视频数据分析平台，不仅可以对单个抖音账号进行数据管理和查看运营情况，还能对单条视频进行数据追踪，分析其传播情况。飞瓜数据可以搜集到热门视频、音乐、博主等的数据，还能查到热门带货情况，是一个功能全面的数据分析工具。图9-23所示为飞瓜数据首页。

❏　新榜有数

新榜有数创立于2014年，构建了微信公众号系列榜单和覆盖面广的样本库，与微博、企鹅媒体平台、优酷、爱奇艺、秒拍、美拍、喜马拉雅、蜻蜓FM、UC、淘宝头条、网易新闻客户端、凤凰新闻客户端等超过20个主流内容平台签约独家或优先数据合作协议，进而形成中

图9-23

国移动端全平台内容价值标准体系。新榜有数依托数据挖掘分析能力，建立用户画像和效果监测系统，连接品牌广告主和品牌自媒体，迅速成了 KOL（Key Opinion Leader，关键意见领袖）、自媒体原生广告的服务商之一。图 9-24 所示为新榜有数首页，其中"新抖"为抖音数据平台。

图 9-24

❏ 抖查查

抖查查致力于抖音视频各方面数据的监测与分析，让用户可以通过数据图表总结出抖音热门视频的内容规律，助力抖音账号的运营。图 9-25 所示为抖查查首页。

图 9-25

抖查查的抖音排行板块包括视频榜单、粉丝榜、蓝 V 榜三大功能。抖音排行版块对抖音用户进行了一定的分析，助力广告主进行营销效果优化处理。抖音博主的宣传费用并不低，企业想要实现营销推广利润的最大化，就需要掌握抖音不同行业、不同博主的视频内容传播指数及用户画像情况。视频榜单囊括抖音视频中各领域的标签、点赞量、评论、分享量等数据，广告主可以随意监测抖音博主账号的评论，并通过评论热词图表，直观了解博主的用户数据及用户画像情况。

3. 促成"爆款"

一个新的抖音账号发布视频之后，首先会进行第一轮推荐，然后进行第二轮、第三轮推荐。其中，第一轮推荐是最重要的，只有在第一轮推荐获得不错的效果的情况下，视频才会被抖音认为有价值，值得推荐，这样视频才有机会成为"爆款"。

把握好视频发布的时间很重要，视频在合适的时间发布，才有机会被更多人看到。抖音在线人数最多的几个时段分别是周五晚上、周末、工作日晚上6—8点。在这些时间段发布视频，曝光量会比平时多，但需要控制发布数量。

9.4.2 明确抖音的品牌营销优势

抖音现已成为各大品牌的聚集地，相比于其他短视频平台来说有很大的优势。下面将为大家分析抖音品牌营销的优势，帮助企业明确营销目标，抓住流量红利。

1. 迎合碎片化时代的传播诉求

抖音之所以能火起来，除了其本身产品的运营和推广做得不错以外，还恰好迎合了当今碎片化时代的传播诉求。相信大家对一些社会化营销方式也很熟悉，这些营销方式在今天已经被品牌和广告公司深刻领悟。但是，除了创意是营销的永恒话题外，流量越来越贵、用户越来越难获取也成了品牌面临的难题。对于品牌而言，一个好的流量平台非常重要，而抖音成了这些品牌的新选择。

抖音目前逐渐发展成了一个庞大的流量平台，并且抖音目标用户的高度集中性使其有了制造"爆款"的能力。在抖音还未开启商业合作时，就已经有很多产品因抖音而偶然爆红，意外享受了流量红利。对于品牌而言，越早加入越能享受平台发展期所带来的一系列红利。

2. 品牌能获得更高的曝光率

抖音用户日益增长，平均每个用户每天在线时间可达1小时以上，为品牌获得高曝光率奠定了用户基础。一个品牌开展营销工作最重要的就是具有曝光能力。除非是与抖音官方合作拍摄广告或者企业认证蓝V，否则企业自身的品牌广告很容易被限流和屏蔽。因此，企业在进行品牌植入时，一定要根据视频内容对品牌进行巧妙的曝光。

3. 具有很强的话题性和互动性

抖音目前捧红了奶茶、火锅、城市旅行等众多领域内的品牌，具有很强的话题性和互动性。对于品牌而言，只要可以植入自己的产品形象，营销本身的推广形式其实没有什么局限，而抖音作为一个新的企业营销展示平台，各个品牌自然也十分愿意去进行尝试。

举个例子，唯品会在"616大促"宣传期间曾在抖音发起过挑战赛，吸引了十几万人参与，获得了超9.3亿次的播放量。唯品会通过在抖音的关键广告位进行宣传，第一时间获得了用户的注意力，使其原生信息流广告和"开屏黄金广告位"得到了更高层次的曝光，使挑战赛的热度再次升级，成功为品牌大促造势"引流"。

4. 塑造品牌形象来扩大影响力

对于企业来说，企业号相当于企业在抖音的营销阵地，企业号能够帮助企业传递企业业务信息，与用户互动。

抖音有着巨大的流量和转化能力。自抖音平台开放以来，诸如支付宝、小米、爱彼迎、马蜂窝等科技企业和互联网公司纷纷入驻，这些企业的账号都有自己的视频定位，如剧情类、搞笑类、日常类等，这有助于提升用户黏性和品牌曝光度。

举例说明，联想的抖音官方账号此前主打的口号是"每周二至周五19:00直播"，很好地点明了与用户互动的时间段。其账号主要是以趣味方式展现联想的各类产品，把产品广告做成段子，通过有趣的呈现方式勾起用户对产品的更多联想，如图9-26所示。

图 9-26

9.4.3　企业品牌的四大展示方式

目前在抖音上，企业品牌推广的具体展示方式有开屏广告、信息流广告、达人创意合作、抖音挑战赛等。

1. 开屏广告

作为移动端的黄金广告位，抖音的开屏广告（即启动抖音后自动播放的广告）价格不菲，如果品牌研究好自身的客户群体，利用开屏广告得到的宣传效果自然会很好。开屏广告一般分为静态开屏广告及动态开屏广告。静态开屏广告适合突出核心的促销信息，而动态视频广告能带来更立体、更具观赏性的视觉体验。抖音开屏广告效果如图 9-27 所示。

2. 信息流广告

信息流广告是位于社交媒体用户的好友动态，或者资讯媒体和视听媒体内容流中的广告。信息流广告的形式有图片、图文、视频等，特点是算法推荐、原生体验，可以通过标签进行定向投放，根据自己的需求选择推曝光、落地页或者应用下载等投放推广的方式，最终的效果取决于创意、定向、竞价这 3 个关键因素。信息流广告已经成为媒体平台流量变现的主要模式，传统企业及新兴企业大都加入了信息流广告大战。

信息流广告主要依托于海量的用户数据和信息流生态体系，可精准捕捉用户意图，并结合不同平台，展现给目标客户。其主要有两大特点：主动性和原生性。信息流广告的主动性体现在用户主动接收信息，可根据不同平台定向投放，并展现给用户。信息流广告的热度居高不下，用户转化效果不错，已经逐渐成为广告主的主流推广方式之一。尤其是在抖音，企业可以通过一条视频来推动品牌产品在年轻人中"走红"。图 9-28 所示为信息流广告。

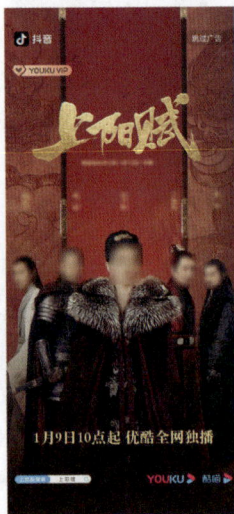

图 9-27

图 9-28

3. 达人创意合作

抖音达人创意合作与其他平台类似，需要达人们发挥自身特点与品牌产品结合进行营销推广，抖音达人的高人气会帮助品牌在短时间内获得大量曝光。很多达人会将品牌与视频内容结合在一起，写成段子或添加剧情，使用户在观看视频时不经意地接收到广告信息，这样不会让用户产生反感和抵触心理，品牌才会得到有效的传播和推广。

4. 抖音挑战赛

挑战赛作为抖音最活跃、产生最多亮点的部分，其强互动性增强了用户对平台的黏性。对企业和品牌来说，网络视频营销的主要目的是提高大众知名度。在抖音，很多挑战赛视频都有官方网站的跳转链接，在广告转化率方面能取得不错的效果。

如今很多品牌开始认识到挑战赛的重要性。自2018年5月起，每天都有品牌与抖音合作的挑战活动上线。比如天猫超级品牌日发起的"热爱全开致敬经典"挑战赛的相关视频，截至2022年已经有22.1亿次播放；球球大作战发起的"前方有球请接住"挑战赛的相关视频，有1.2亿次播放，如图9-29所示。这两个挑战赛曾一度冲进了抖音热搜榜。

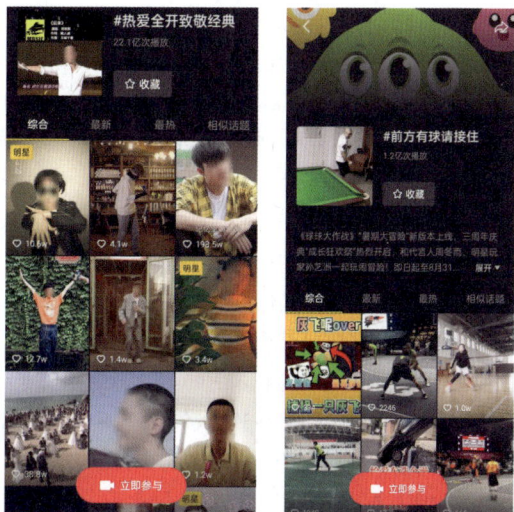

图9-29

9.4.4 品牌营销的5种内容形式

短视频内容是品牌在抖音营销的重中之重，再多的创意都要结合短视频内容进行传播。抖音通过短视频这种沉浸感更强的表达方式，将品牌和用户的距离缩短，增大用户转化为粉丝的概率。下面介绍品牌营销的5种内容形式。

1. "戏精"类：完美展现品牌特性

"戏精"类内容是指运用演员自身的表演技巧和出乎意料的剧情安排，将品牌的特性进行完美展现。比较典型的案例就是"水果侠"主题乐园，这类视频内容非常适合发起挑战赛，因为会吸引很多用户共同参与创作。

此外，在内容创作上，企业也可以做个"演技派"，采用歌曲演绎、自创内容演绎和分饰多角等形式，将视频转变为专属的表演秀。"戏精"类内容适合想要塑造或者改变形象的企业。

2. 特效类：品牌形象插入视频

品牌自己有口号、主题，希望充分表达的时候，可以借助抖音达人的原生影响力与标签，并运用各种特效来充分彰显品牌理念和主张。品牌可运用软件制作特效，将品牌形象或信息穿插到视频内容中，并添加令人震撼的音效，以达到直击人心的目的。

3. 实物类：引发带货效应

将实物产品巧妙地植入拍摄场景中，或作为拍摄道具来直观展现，可引发带货效应。图9-30所示的案例中，左图所示的视频将产品信息融入剧情，既植入了广告又没有破坏短视频的整体性；右图所示的视频通过女主角抱怨头发很油，让男主角送她洗发水来引出产品，既完成了产品展示，又向用户传达了产品特点。

4. 故事类：引发互动、产生共鸣

这种内容形式用讲故事的手法，将产品或品牌信息带入特定的暖心情境中，使用户产生情感共鸣，引发互动。

综上所述，企业做内容规划时需要考虑两个重点：创作的内容要与品牌有一定关联，品牌或产品要处于一个相对重要的地位。另外，还要留出空间，让内容可以一直延续下去。

5. 动作类：走进用户内心

这种内容形式运用肢体动作，表现品牌或产品蕴含的个性特征，引发用户联想，从潜意识切入，走进用户内心。比如某烤肉餐厅发布的烧烤视频，如图9-31所示，该视频拍摄的是烤肉的过程，视频中的主角在展示烤肉的动作，配以极具感染力的背景音乐，让用户观看视频时也会不自觉地想和他一起动起来。

图 9-30

图 9-31

9.4.5　掌握品牌营销的九大技巧

作为当下火爆的短视频平台之一，抖音凭借其巨大的流量，越来越受到广告主的重视。但很多人还是会认为抖音营销不好开展，没有现成的模式可以借鉴，但事实并非如此。成功的抖音营销案例有非常多值得借鉴的地方，并且可以从中总结出有效、可模仿的抖音营销模式。

不少企业开展抖音营销，还是用传统的发布广告的方式，要么拍一个竖屏视频广告，要么就是简单粗暴地找达人帮忙宣传，做一些"随大流"的东西。这些方法成本高，而且效果也不一定好，并不能成为值得借鉴的经验。

下面为大家介绍9个有效的抖音品牌营销的技巧，大家可以根据自身特点进行选择，灵活搭配。

1. 聚焦产品，直接展示

如果产品本身有趣且有创意，或者有自己的主题，那就可以直接用抖音来展示。例如，某花店的抖音官方账号发布的视频便是直接展示包装好的花束，如图9-32所示。美好的事物总是令人向往的，这种包装精美的花束也能引来很多用户的赞美，甚至有些用户可能还会因为这条视频而产生消费行为。

这种技巧非常适合一些电商品牌，尤其是一些用途独特的产品，例如一些生活小用品，如厨房用具、收纳"神器"等，都可以直接在视频中展示它的作用，如图9-33所示。

图 9-32

图 9-33

2. 策划周边，侧面呈现

周边产品指利用动画、漫画、游戏等作品中的人物或动物造型经授权后制成的商品。而提到周边产品，就不得不说一说"IP之王"迪士尼了。一部影片上映后，迪士尼可以开发出各种周边产品，如玩偶、书包、杯子、T恤、剃须刀、食品等，迪士尼开发的周边产品可以渗透用户生活的方方面面。

所以，企业不仅可以从产品本身寻求突破点，还可以尝试从周边产品中找到主题和亮点。比如，一个奶茶店，除了奶茶本身，包装袋、原料、杯子乃至吸管和小料等都可以专门设计对应的周边产品。图 9-34 所示为某茶饮品牌的周边产品。

3. 挖掘用途，产品延伸

除了营销产品本身和周边产品，企业也可以研究产品是否有更多的跨界用途，以便持续地吸引用户。例如，此前，一些网友突发奇想地研究出了江小白加雪碧的喝法，还有网友给这种饮品取了一个好听

图 9-34

的名字，叫"情人的眼泪"，如图 9-35 所示。而为了回应这份流传于坊间的创意，江小白和雪碧开展了合作，传播策略围绕着"就要这样混"的概念，大胆支持年轻人混搭出自己想要的生活，使得"江小白加雪碧"这一潮流玩法一度"刷爆"网络。

而且在"情人的眼泪"高热度的基础上，江小白联合雪碧乘机推出联名产品，将网上流传的热门混饮方式带入了真实的产品开发与推广之中，吸引了大量用户。要知道每个人都有追随潮流和从众、模仿的心理，一种产品变成了"网红"产品，每个人都说好吃，很多人就会想去尝一尝。此外，这种方式还很有趣，参与门槛也很低，大家又何乐而不为呢？

上述案例中，无论是独特的喝法，还是新奇的产品，都抓住了年轻人敢于尝试、热爱挑战的特点，使用户与品牌充分地互动，有利于品牌的快速传播。

图 9-35

4. 放大优势，夸张呈现

夸张是运用丰富的想象力，在客观现实的基础上有目的地放大某个特征，以增强表达效果的修辞手法。对于产品的某个或某几个独有特征，运营者可以尝试用夸张的方式呈现，便于受众记忆。例如，"低压闪充"是OPPO手机的卖点之一，为了突出这个卖点，OPPO打造了一句流传很广的广告词——"充电五分钟，通话两小时"。又如，苹果曾为了突出 iPhone 13 Pro 的视频拍摄能力，发布过一组用 iPhone 13 Pro 拍摄的短片《口袋里的好莱坞》，如图 9-36 所示。该短片分为3部分，第一部分展示电影模式，第二部分展示3倍光学变焦功能，第三部分展示暗光拍摄功能。

5. 跨界延伸，增加创意

若产品本身出彩的地方不多，那就用创意来填充。挖掘一些特别的功能或延伸一些增值附加功能，创造性地展示出这些跨界的用途或功能，也能吸引用户进行围观。比如，长沙某火锅店突发奇想，在天台上弄了帐篷火锅，让顾客在天台上的帐篷里用餐，如图 9-37 所示，这一创意就吸引了很多用户点赞。

对于生活中经常接触的自带声音的计算器，由于按每个数字键所发出的声音都不同，有用户想到了用计算器的声音来演奏抖音上的热门歌曲，只要加快按键的速度就能演奏出歌曲的旋律。这种创意简单、有趣，还容易复制，很多用户看了都想尝试一下计算器的新玩

图 9-36

图 9-37

法，自己动动手指就能演奏出流行歌曲，感觉还是很不一样的。

6. 口碑展示，营造氛围

在抖音展示产品口碑，可以从侧面印证产品的火爆。大量用户在抖音跟风展示"网红"产品的卖点，通过多样化的内容呈现，不断深化用户对产品的印象，形成品牌口碑。例如，图 9-38 中的博主使用一种测评的方式，亲自试吃推荐产品，鼓励更多人去购买尝试。很多用户看了该视频后，在评论区留言询问该产品的购买方式，品牌的传播速度便得到了快速增长。

图 9-38

7. 日常曝光，传播文化

用户在购买产品的时候，除了产品质量、服务水平以外，也会关注企业的内部文化和氛围，尤其是对一些大企业，很多人会好奇在这种公司工作待遇怎么样，福利怎么样等。

如果有两家产品相似的企业，第一家企业给人的感觉是员工热情团结，工作有激情，而第二家企业却神神秘秘的，给人感觉冷冰冰的。用户肯定更愿意选择第一家，哪怕产品价格稍微高一点。所以，企业完全可以在抖音上大胆地将企业文化、办公室员工的生活趣事等呈现出来。

例如，招商银行的抖音账号发布了"你身边的银行人"系列视频，专门分享一些银行人的日常生活，吸引了大量网友去围观和评论，这一系列视频获得了1204.1 万的播放量，如图 9-39 所示。

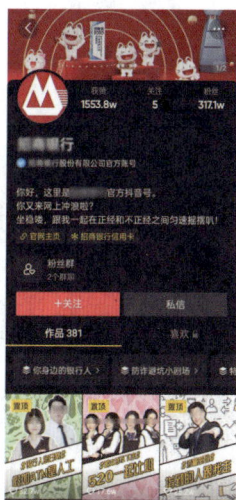

8. 融入场景，巧妙植入

该技巧不再直接针对产品本身，而是把产品融入某个生活场景之中，让用户潜移默化地接受产品，并记住这个产品。换言之，有的视频虽然看起来只是生活小窍门类视频或搞笑类视频，但在场景中悄悄植入了广告，比如桌角放产品、背景有广告声音等，这样依然能达到很好的品牌宣传效果。比如此前抖音获赞率很高的一类视频，内容大致是用户在很火的奶茶店搭讪陌生人，视频背景是店铺的标志和产品，这其实就是在场景中植入广告的营销技巧。

图 9-39

9. 官方玩法，投入预算

除了前面介绍的一些比较热门的玩法，如果品牌有一定的广告预算，还可以参与抖音官方的玩法，比如开屏广告、信息流广告、与KOL合作、创建视频话题等，与抖音官方合作会比自己发布视频的效果好，但费用可能不低，大家酌情选择即可。

第10章

"引流吸粉"：
有效实现收益最大化

　　抖音的用户黏性非常强，用户经常一"刷"抖音就是好几个小时。抖音的流量是巨大的，如果能有效地利用这些流量去变现，获得的收益也将是巨大的。那么普通用户该如何利用抖音"引流吸粉"呢？本章就从几个不同角度出发，介绍"引流吸粉"，实现收益最大化的技巧。

10.1 账号权重：了解抖音算法的核心参数

账号权重是一个专业术语，简单来说就是账号在平台被重视的程度。权重高的账号更容易获得平台的重视，也会获得更多的流量和更多的曝光机会。

抖音会根据曝光量数据，结合账号分值来分析是否加权。点赞率、评论数、转发量、播放量、完播率等数据决定是否进行第二轮推荐及推荐力度。

10.1.1 完播率：视频完整播放很重要

完播率是指视频的播放完成率，指所有观看视频的用户中，有多少人是完整看完视频的，即看完视频的用户数/点击观看视频用户数×100%=完播率。比如10个人中，有3个人看完了视频，完播率就是30%。在视频不违反抖音规则，被正常推荐的前提下，视频完播率越高，视频的点赞量、评论数和播放量也会随之相应提高，并且能直接决定这条视频是否能进入新的流量池。

提升完播率对视频来说至关重要，完播率提高了，视频就会获得更多的流量并被推荐给更多人。在保证视频完整的前提下，应当尽可能地缩短视频时长。提升完播率有以下3种方法。

1. 控制视频时长

相对长视频来说，时长短的视频完播率更容易提升。完播率是指完整看完视频的概率，比如有100人观看了视频，但从头到尾看完的只有70人，那么这个视频的完播率是70%。这就解释了视频不是越长越好，因为较短的视频完播率会高一些。

但也不是说视频越短越好，仅呈现两三秒的画面也是不行的。抖音有一个说法是"不满7秒的视频没权重"，这个说法也并不是完全没有道理，几秒和几十秒的视频完播率的权重是不能相提并论的。一般情况下，短视频的时长最好控制在10～20秒，这个区间的视频完播率是最高的。

抖音里还有一个"黄金6秒"原则，"黄金6秒"是指超过90%的用户在观看短视频时，看到6秒就划过了。下面总结了一些提升完播率的技巧。

- ➲ 视频的主题内容尽量在开头就表现出来，不要拖沓。
- ➲ 注意配乐，尽量使用抖音的热门音乐。
- ➲ 要善于用视频封面抓住用户眼球，突出视频主题。
- ➲ 好的标题或开头文案能吸引人继续看下去，如图 10-1 所示。

图 10-1

2. 保证视频内容完整

现在抖音大部分视频的时长为10～15秒。无论视频长还是短，都要注意必须保持视频内容的完整度。视频时长可以很短，但必须保证用户看完后能得到完整的信息，并有所收获。

3. 吸引用户的技巧

为了提高完播率，视频能否勾起用户观看到最后的欲望。下面介绍显示得至关重要3个吸引用户观看视频的技巧。

❑ 内容分点说明

比如，一条分享生活小妙招的视频，如果在标题中告诉用户，视频中会有几个实用的妙招，如图10-2所示，用户就会想知道究竟是哪几个、自己是否知道。同时，如果把最有用的妙招放在最后，用户就会很容易被吸引看完视频。

❑ 在标题中提出问题

在标题中提出问题，比如"×××你真的会用吗"，如图 10-3 所示。用户如果想知道自己是否用对了方法，就会坚持看完视频。

❑ 在标题中写上"一定要看到最后"

如果直接在标题中写上"一定要看到最后"，如图 10-4 所示，用户可能就会产生好奇心。当然，前提是视频结尾一定要有惊喜，不然用户不会点赞，并且下次也不会观看了。

图 10-2

图 10-3

图 10-4

10.1.2　点赞率：点赞越多越容易上热门

抖音点赞率的计算公式为：点赞率＝点赞量/播放量×100%。根据抖音推荐机制，点赞率达到3%～5%的作品就是非常优质的作品，会被系统增加推荐量。相反，点赞率过低，系统将不再进行推荐。下面介绍两个提升点赞率的技巧。

1. 收藏心理

如果用户给一条视频点赞，视频就会被收藏在"个人中心"的"喜欢"列表里。所以有时点赞不仅代表喜欢，还代表想收藏。

用户如果希望以后还能看到同一条视频就会选择收藏视频。比如对于干货知识视频，用户觉得这个内容会有帮助且以后可能会找不到的时候就会收藏。激发用户这种心理，就能让用户进行点赞。

2. 表达情绪

不管是搞笑类视频，还是情感类视频，其实都是在表达一种情绪。如果视频中表达的情绪能让用户感同身受，用户就会愿意点赞。某抖音博主在一条视频中夸张地模仿了好几种拍照姿势，都是日常生活中常见的姿势，如图 10-5 所示，用户看着就会觉得好笑。用户将这个视频和自己的生活联系起来，就很容易感同身受，就很愿意为视频点赞。

提升点赞率有几个需要注意的地方，首先是视频的发布时间，在不同的时间段发布视频，点赞率是有很大差别的。一般来说，下午1点和晚上6点是点赞高峰期。通过数据平台的研究分析，大部分视频的点赞数都在 700 以下，超过 1 万的其实并不多，按照抖音短视频推送的算法规则，视频在前 1000 推荐量中点赞率高的话，系统会对应的增加推荐量，因此获得点赞率很重要。创作者要卡好视频发布的时间，在高峰期发布视频能够有效提升视频的权重及"上热门"的概率。

图 10-5

10.1.3 评论数："神评论"也能上热搜

每条"爆款"视频底下一般都会有一条令人眼前一亮的"神评论"，这类评论会吸引用户重复观看视频，因为在打开评论区时，视频是一直在循环播放的。但有时视频的完播率、点赞率都很高，评论数却很少。原因有两方面：一方面是信息量少，用户无法从视频中获取更多的信息；另一方面是话题感弱，用户没有想要参与互动的欲望。这时可以从以下两个方面入手，以增加评论数。

1. 增加信息量

图 10-6 所示的账号就是很典型的案例，在视频中，人物喜欢加快语速，在短时间内表达大量的观点，这就大大增加了信息量。观点越多，用户获取的信息也就越多。当信息较多时，难免会有一些观点让用户产生共鸣或者引发争议，这时用户就会通过评论来表达自己的观点。

2. 制造话题

在视频中制造话题，能非常有效地引发用户的互动。对于视频中提出的观点，用户认同时就会表示"还真是这样！"，而用户不同意的时候，就会在评论区里表达自己的看法。无论用户是否认同，只要制造了话题，用户都会更愿意参与评论。再如，图 10-7所示的视频通过演绎一种现象来激发用户讨论的欲望。

图 10-6

图 10-7

10.1.4 转发量：裂变传播扩大影响力

转发就意味着用户对视频内容持有认同或者否定的态度，想留存这些内容或者分享给朋友观看，这样就扩大了视频的传播范围。如果内容足够优质，很可能会被二次转发，甚至三次转发，视频的曝光度和影响力也就越来越高。

如果理解了有效增加评论数的方法，那么增加转发量也不再是一件难事，创作者可以通过同样的思路来增加转发量，即增强话题感，引起用户的表达欲望，特别是增强用户的认同感。所谓认同感，是指视频能让用户感同身受，说出了用户一直想说的话。当视频的话题感足够强的时候，用户就会转发，想让更多人看到自己认同的东西。

10.1.5 关注人数：粉丝越多变现能力越强

抖音"涨粉"最大的好处就是能变现，粉丝越多，价值越高，能带来的回报自然越高。以低门槛的抖音电商带货来说，要想开通抖音电商带货功能，最简单的就是开通抖音商品橱窗，除了实名认证及发布视频之外，账号还需要满足粉丝数大于1000的要求。只有满足这些条件，才能在短视频中添加商品链接，售卖商品，或者在直播间添加购物车，售卖商品，实现变现。1000个粉丝的目标不算太高，大多数人都能完成，这是抖音"涨粉"最直接的好处。

其次，当粉丝量增加之后，运营者不用担心没有货源，因为很多商家看中了账号的流量就会来寻求合作。但是在选择商品的时候，一定要检查质量，保证自己卖的东西是正品，不能让粉丝买到假货和次品。如果自己有货源那就更好了，这样利润更高，而且可以开直播卖货，不仅能提升账号的人气，还能让利益最大化。

除了卖货之外，粉丝多的账号还能接各种广告，比如帮忙推广某款游戏、某个App等。创作者拍摄一条带货视频发布到自己的抖音账号中，可以根据粉丝量来计算广告收入。目前，抖音上大多数账号都是以这种方式变现的，如图 10-8 所示。

除以上几点外，粉丝量持续增长，说明账号持续被用户喜欢和关注。系统会根据用户对账号的喜爱程度提升账号权重，账号及其内容相应地会获得更多推荐。不管是直播带货还是短视频带货，大量的粉丝基础都是变现的一大助力。粉丝是运营抖音账号的主要助力，粉丝量代表了一个抖音账号的影响力，也是账号变现的基础，"涨粉"对抖音账号来说，基本就是百利无一害。需要注意的是，抖音"涨粉"的好处来自自然"涨粉"，而不是虚假"买粉"。

图 10-8

10.2 内部"引流"：抖音内部经营抓取粉丝

抖音内部"引流"是指在视频发布后，通过广告、合作、热门话题等为视频带来流量，提高曝光量。运营者如果要采取这种方式，通常需要对抖音的视频发布规则很清楚，绝不能发布质量差的视频、盗版视频，否则会被限流。

10.2.1 硬广"引流"

硬广是生活中常见的一种营销方式，它指的是人们在报纸、杂志、电视、广播、网络等媒体上看到或听到的那些为宣传产品而制作出来的纯广告。其中，微博中的硬广传播速度非常快，传播的范围也比较广，常常以图文结合的方式出现，偶尔附有相关链接。在视频中植入硬广，可以直接展示产品和用户反馈，将平时用户的反馈整理出来，或是针对一些护肤品，可以整理出效果对比图，将这些图片插入视频进行发布。图 10-9 所示为硬广视频。

10.2.2 抖音热搜"引流"

部分抖音创作者忽视了标题的作用，殊不知一个好的标题意味着成功了一半。一个好的标题能够提升账号的权重。这里介绍一个有效且简单的"上热门"方法，那就是利用热门话题或热门事件去"蹭"热点和流量。但是"蹭"热点是有方法的，接下来分 4 点讲解如何利用热点创作好视频内容。

图 10-9

1. 视频标题紧扣热词

当一个热词的搜索结果只有相关的视频内容，那视频标题的编辑就很重要了，创作者可以在标题中完整地写出热词，以提升搜索匹配度的优先级别。

2. 视频话题与热词吻合

以"宝藏美食"这一话题为例，该组关键词搜索结果显示的是播放次数超 3.5 亿的"#本地宝藏美食"话题，如图 10-10 所示。但从视频搜索结果来看，排在首位的视频文案中并无"宝藏美食"的关键词，这个视频之所以排在首位，是因为视频带有"#本地宝藏美食"这个包含热词的话题。

3. 选用与热度高的视频背景音乐

选用与热度高的视频背景音乐，同样可以提高视频的曝光率。例如，抖音音乐榜前几首的热度都在 1000 万以上，如图 10-11 所示，一定程度上反映了这些歌曲的火爆程度，以及参与互动的用户的积极性。

图 10-10

图 10-11

4. 账号命名踩中热词

这种方法比较取巧，甚至需要一些运气，但对于跟热词相关的垂直账号来说，一旦账号命名踩中热词，曝光率会大幅增加。比如热词"我太难了"一些，使用该热词作为名称的账号，粉丝数都已经破万，如图 10-12 所示。

10.2.3 抖音原创视频"引流"

打造个人 IP，创作垂直原创视频，靠优质内容获得高曝光率并让用户喜欢、关注是极好的抖音"引流"方式。抖音"引流吸粉"的前提是创作者需要明确粉丝的用户画像，然后根据用户画像来进行内容定位。比如美妆类视频的运营者，可以通过发美妆技巧、美妆产品的使用方法等吸引有相关需求的潜在客户。粉丝增多了，后期就可以轻松实现销售变现。同时也要注意账号的运营，作品发布的时间要选择粉丝在线最多的时间段发布，这样才能将引流的效果最大化。

图 10-12

10.2.4 评论区人工"引流"

抖音的推荐机制与今日头条类似，一条抖音视频上传审核通过后，系统会先将视频进行兴趣分类，将视频推送给经常观看这类视频的部分用户，而后会根据对该部分用户的完播率、点赞量、评论数、转发量等进行分析，再根据视频数据质量决定是否将其继续推荐给更多人。

当一条视频有了成千上万的点赞量，这些为其点赞的用户一定会有一部分进入账号主页，带去额外的流量。这时创作者就可以在自己同领域内找到 20 个优质账号，在这些优质账号发布作品的第一时间去发表一些有意思的评论，如图 10-13 所示，这样就会为自己的账号带来一些同领域内精准、活跃的用户。

10.2.5 评论私信消息"引流"

抖音支持收发消息，一些粉丝可能会通过该功能私信发消息，但是运营者不要主动给粉丝频繁发消息，抖音会认为这是打扰用户的行为。大家可以借助一些工具进行精准私信，通过工具进行关键字采集、筛选，找出符合目标的用户，然后关注，等用户回关以后，再进行私信，这样就不会被系统认为在打扰粉丝，同时也能找到精准用户。

图 10-13

10.2.6 互推合作"引流"

互推是指同一量级或不同量级的账号，通过提前设定好的规则进行互相推广的行为，目的是通过各自差异化的粉丝为彼此带来收益。下面为大家介绍几种互推合作"引流"的常用方法。

❏ 短视频互推

短视频是目前绝大多数抖音账号的第一流量入口，近 99% 的账号曝光量都是每天发布的短视频带来的。短视频互推是一个非常有效的方法。

在对方的视频中出镜，在视频中隔空喊话，与对方互动；在视频中借助文字、口播展示对方的账号；

专门做一期"精品抖音账号推荐"的视频，然后各自发布出来……这些都是目前抖音上进行互推常用的方式。

❏ 个人信息互推

相比于合作互推，目前更为常见的是借助个人信息栏进行"广告引流"，具体操作方式是将广告主的商务账号编辑到自己的个人信息中，通过个人主页的曝光，为广告主"引流"，如图 10-14 所示。个人信息栏既然可以"引流"，那么互推当然也没问题。而且相比于直接填写联系方式这些更容易违规的行为，只需要提到彼此昵称的互推行为，无疑安全了很多。

图 10-14

❏ 视频文案"@"对方

首先，这一方式的实现成本很低，拍摄好视频后，只要在自己的文案中"@"对方，如图 10-15 所示，就能获得不错的曝光量。其次，这种方式更加安全。抖音的所有违规行为中，没有一条限制在文案中"@"对方。最后，如果彼此的视频和文案之间能够形成一种联动（比如从不同角度展示同一个内容，以上下集的形式推出等），一般能获得更好的效果。

❏ 合拍与抢镜

抖音对外的口号是打造一个"内容社交平台"，相比于大家每天各自发布的短视频，合拍、抢镜这两个极具抖音特色的玩法的社交属性无疑更为明显，如图 10-16 所示。

图 10-15

图 10-16

❏ 点赞互推

在这些互推方法中，点赞互推的"引流"质量可以说是最高的。可以设想一下，什么样的粉丝会去主动看别人点赞的内容，粉丝对这个人好奇？粉丝对其充满了信任？粉丝对相关的事情极为关注？以上任何一种，都能激发粉丝对点赞内容的探知欲望和了解欲望。

所以只要吸引到了这类粉丝，通过点赞互推来增长曝光量是很有效的，从而能够加速账号变现。

❏ 转发互推

在抖音上，转推的作品会显示在粉丝的"关注"一栏中，其实这相当于另一种形式的"原发作品"。转发互推和点赞互推一样，都是有效的曝光方式。

❏ 唯一关注

唯一关注的互推原理，与上面提到的点赞互推和转发互推相近，主要是借助粉丝的好奇心来实现互推的效果。

很多抖音大号想要变现、"引流"，但是把微信号放到个人信息栏、评论区或文案中，账号被降权的风险又太高。于是这些创作者想到了一个办法，就是引导用户去留意自己唯一关注的"客服号"或"服务号"，如图 10-17 所示，在小号里面放置完整的联络信息，从而实现"导流"的目的。

❏ 直播互推

相比于短视频，抖音对直播入口的管控反而不算太严，所以在直播中进行互推相对比较容易。在直播前几天，将直播的内容预告发布在抖音上，让粉丝清楚直播时间、直播内容和合作的博主，这是一种较好的"引流"方式，粉丝看到内容预告后一般都会腾出时间来观看直播。

图 10-17

10.2.7 抖音矩阵"引流"

矩阵"引流"是指在抖音通过不同的抖音账号，让账号与账号之间建立联系，全方位地实现品牌展现，从而增加粉丝量，提升各个账号的商业价值。

打造抖音矩阵有 4 个好处。

➲ 收益倍增。如果一个抖音账号有 1 万粉丝，平均每天带来的稳定盈利是 50 元，如果有 10 个这样的账号就有可能获得 10 倍的效果，但运营成本会大幅度增加。

➲ 增加出"爆款"的概率。运营抖音账号的人都知道，"涨粉"靠"爆款"，存留看日常。"爆款"对一个账号的价值是毋庸置疑的。而同一个成功模式下，作品质量相近，很显然，一个视频成了爆款，其他视频也更容易获得关注。

➲ 降低账号违规风险。对于抖音创作者来说，打造抖音矩阵这种方法可谓司空见惯。不要把鸡蛋放到同一个篮子里是经济学上著名的组合投资理论，其同样适用于抖音运营。

➲ 便于做用户人群细分。在任何一个平台评判一个账号的价值，除了看账号本身的粉丝量，还要看转化效果。用户越精准，账号的价值越高。矩阵的出现，让用户能在喜爱的领域进行下一步细分，比如在美食领域下细分为长沙美食、北京美食。

抖音矩阵主要分为 MCN、团队、家庭、个人这 4 类矩阵。

❏ MCN 矩阵

所谓 MCN（Multi-Channel Network，多频道网络），用通俗的话来说，就是公司化运营短视频账号，一边孵化发展短视频账号，一边和企业等对接。

MCN 矩阵的特点就是覆盖范围很广，拥有一些短视频网红和一定数量的粉丝，一般来说会比个人账号更系统化，且对运营抖音账号有一些专业的方法。

MCN 机构往往会在用户画像、内容方向、竞品分析、账号定位等方面具有优势。MCN 机构会快速地推出一些质量较高的作品，然后孵化几个账号进行联动，把账号的变现路径梳理清楚，迅速打造矩阵。

有些 MCN 机构也会致力于孵化"网红"账号，并与账号在后期按一定比例分成。

简单地说，MCN 矩阵就是公司化、系统化的账号联动运营。

很多运营者应该都比较熟悉"洋葱集团"这个名字，它是一个专业集团，打造了许多大众耳熟能详的抖音红人，如图 10-18 所示。.

❏ 团队矩阵

团队矩阵在企业，尤其是房产销售企业里非常常见。在抖音，一个营业执照可以绑定两个企业号，而一个企业号可以开通多个员工号。同时一个营业执照可以申请一个抖音小店，而一个抖音小店可以认证 5 个零粉丝作品的账号。所以在抖音是很容易实现团队矩阵布局的。

一般来说，团队运营有一个主号和多个分号，但是这种主次之分并不太明显，各个号之间往往充分联动，分号上的作品可以直接进入主号。这样，一个优质内容可以被引用多次，达到"引流吸粉"的目的。

这种矩阵的优点是，以整体的形象对外，就算是某个粉丝多的号脱离，团队号的整体定位和全部工作流程也不会受太大影响；缺点是开始的发展往往会比较慢，"涨粉"困难，需要一些时间或技巧来搭建。

例如小米旗下有小米手机、小米智能生态等，如图 10-19 所示，累计粉丝超过500 万。

❑ **家庭矩阵**

家庭矩阵是国内一些个人向账号运营中常见的，简单来说就是先有一个账号火了，这个账号的主角是家庭里的女儿，那她的爸爸、妈妈、爷爷、奶奶都可以加入这个矩阵。小号里发布的作品在标题或者评论区@大号，就能实现成功"引流"，而小号也成功利用自己的粉丝网络实现了"分流"。

这个矩阵可以以主要的大号为中心，与其他小号发展出一系列的故事，而其他小号也可以反哺大号。这个矩阵的优势是，账号人设不可替代，且不容易被"撬走"，可以持续经营。

举个例子，"祝晓晗"与"老丈人说车"如图 10-20 所示，常以发布父女之间发生的各种搞笑故事的视频进行联动。女儿祝晓晗的标签是单身"喜欢美食""可爱"；爸爸大纯的标签是有爱、善良、工作努力、爱欺负女儿；老妈是后来引入的角色，一般为画外音形式，她的定位是彪

图 10-18

图 10-19

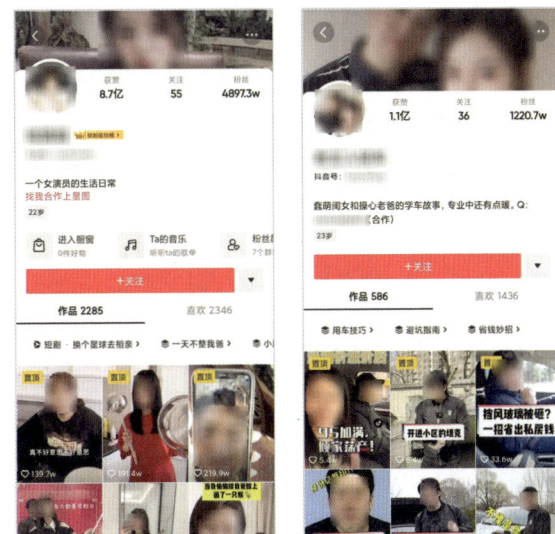

图 10-20

悍、霸道、真正的一家之主。这样的矩阵能让人在了解了其中一个IP后，有兴趣再去搜索另外一个IP，这种矩阵的变现潜力是极大的。

❏ 个人矩阵

个人矩阵即从一个"爆款"IP，发展出细分内容。一个抖音账号（尤其是个人属性较强的账号）火了之后，不少账号会尝试建立内容更精准的相关矩阵账号，并通过在签名区或评论区@小号的方式为矩阵造势。图10-21所示的"柚子cici酱"和"柚子吃了吗"就是一个典型的例子，这两个账号出自同一个IP，但账号类型完全不同。

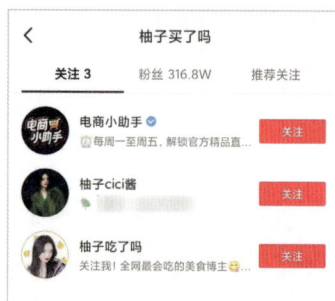

图 10-21

10.3 外部"引流"：打造自己的社交网络

除了在抖音内部"引流"之外，运营者还可以通过其他方式进行外部"引流"，实现内容的多方面传播，获取更多用户的关注。下面将对几种热门的外部"引流"方法进行介绍，帮助大家更好地运营抖音账号。

10.3.1 利用互粉群"引流"

很多运营者知道在热门作品评论里"引流"不太精准，就专门去同行作品的下方评论，去同行的粉丝列表里关注其粉丝，然后私信这些粉丝，也能"涨"很多粉丝。

这种"涨粉"方法非常精准，但是有不足。虽然同行的粉丝也属于自己的目标用户，但这些粉丝可能只信任同行，不会信任你，如果你的作品不好，或者你根本就没有作品，即使关注你了，最后还是会取消关注。还有一点，同行看到你在他的作品下"导流"，可能会删除你的评论、会拉黑你、举报你、关闭自己的粉丝列表，虽然这种方法获得的粉丝很精准，但是潜在隐患特别大。

运营者不妨组建抖音群聊，群成员相互点赞和关注，通过这种方式促进前期的"涨粉"工作的开展。只要群里人多，"涨粉"速度也是很快的，但如果是一个新账号，没有什么资源和优势，那些已经发展起来的账号可能不会同意互推。

图 10-22

10.3.2 跨平台"引流"

此前，抖音短视频被分享到微信和QQ后，被分享者只能收到被分享的短视频链接。现在，抖音支持将作品快速分享到朋友圈、QQ空间等，如图10-22所示，抖音会自动把视频保存到本地。用户点击相应按钮就会自动跳转至对应平台，这时按照常规操作分享视频即可。分享成功后，点开即可观看，不用再手动复制链接到浏览器上观看了。抖音分享机制的改变，无疑是对微信分享限制的一种突破，对抖音的跨平台"引流"和自身发展都起到了一定的推动作用，如图 10-23 所示。抖音都在提升视频推广能力，用户当然也可以通过将视频分享到朋友圈或者其他平台为自己争取流量。

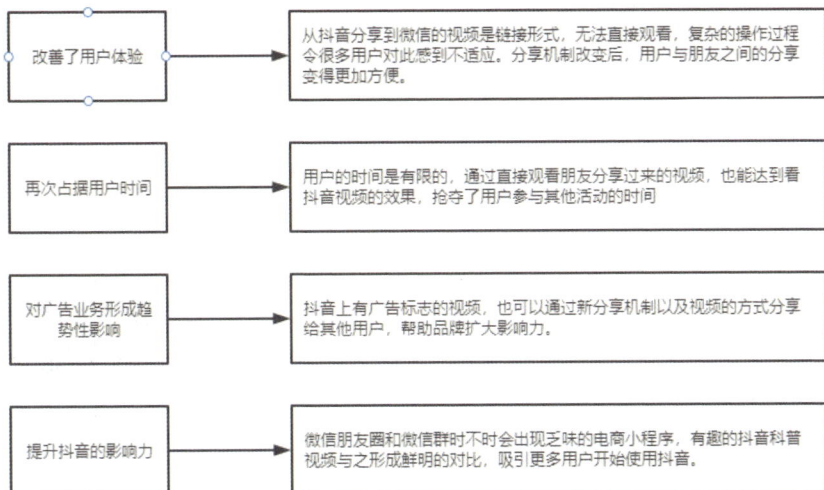

図 10-23

10.3.3 社交媒体"引流"

跨平台"引流"最重要的就是选择社交平台了，微博、微信、QQ 都拥有大量的用户群体，是抖音"引流"不能错过的平台。

1. 微博"引流"

微博作为一个同样拥有巨大流量的平台，主要是通过文字和图片的形式进行信息传播的。近年来由于短视频的兴起，微博也开始往短视频方向发展。在微博"引流"最有效的方式有两种：@他人和热门话题。

通过微博进行推广时，@功能很重要。用户在发布微博时，可以在文案里@明星、网红博主、媒体或企业号等，通过他人的影响力来提升自己的曝光量，如果被@的博主回复了，就有机会得到对方粉丝及其他微博用户的关注，自身账号将得到大量的有效流量。

2. 微信"引流"

下面介绍使用微信为抖音"引流"的具体办法。

❏ 朋友圈"引流"

用户可以在朋友圈中发布抖音上的短视频作品，同时视频中会显示相应的抖音账号，方便吸引朋友圈好友关注。注意，朋友圈只能发布 30 秒内的视频，如果视频时长过长，发布时需要对视频进行剪辑，尽可能选取有趣的部分，如图 10-24 所示。

図 10-24

❏ 微信群"引流"

通过微信群发布自己的作品，群里其他用户点击视频后可以直接查看内容，从而增加内容的曝光度。注意发布的时间尽量与在抖音上发布的时间同步，也就是说在抖音发布短视频后马上将其分享到微信群，如图10-25所示，但不能太频繁地分享，不然可能会引起他人的反感。

❏ 公众号"引流"

在公众号上也可以定期发布抖音短视频，将公众号中的粉丝"引流"到抖音从而增加抖音账号的粉丝量。

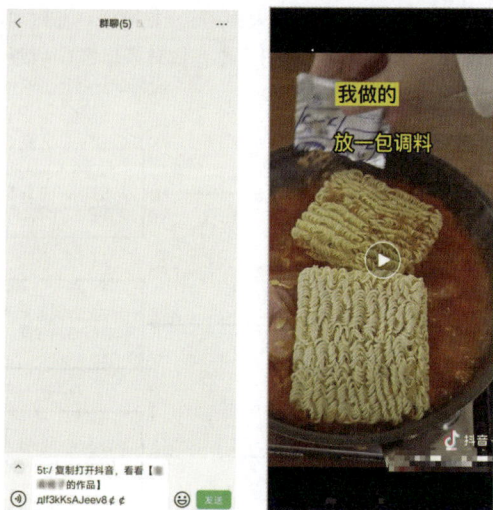

图 10-25

3. QQ"引流"

作为最早的网络通信平台，QQ拥有强大的资源优势及庞大的用户群，是抖音运营者必须抢占的"引流"阵地。

❏ QQ签名"引流"

用户可以自由编辑或修改签名内容，在其中引导QQ好友关注抖音账号，如图10-26所示。

❏ QQ头像和昵称"引流"

QQ头像和昵称是QQ号的首要流量入口，用户可以将其设置为抖音的头像和昵称，提高抖音账号的曝光率。

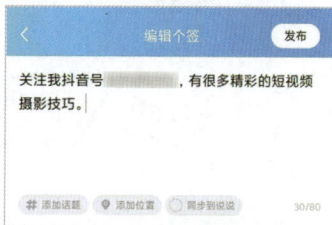

图 10-26

❏ QQ空间"引流"

QQ空间是抖音运营者可以充分利用起来进行"引流"的地方，用户可以在此发布抖音短视频，如图10-27所示。注意要将QQ空间的权限设置为所有人都可访问，如果不想有垃圾评论，也可以开启评论审核。

❏ QQ群"引流"

用户可以多创建和加入一些与抖音账号定位相关的QQ群，多与群友进行交流互动，取得他们的信任，此时再发布抖音短视频来"引流"自然水到渠成。

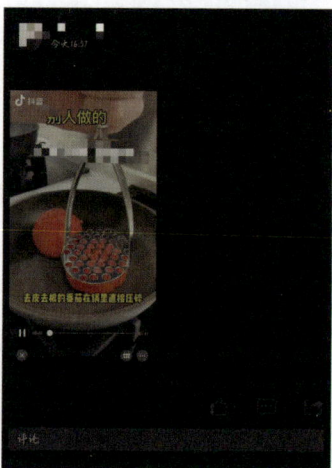

图 10-27

10.4   抖音快速"涨粉"技巧

"涨粉"是众多抖音运营者追求的目标之一，下面介绍4个抖音快速"涨粉"的技巧。

10.4.1   "高潮"前置法，3秒抓住用户

抖音的用户数量多，很多抖音用户对视频会比较挑剔。如果视频开头不够吸引人，那么抖音用户很可能会选择直接划过。

针对这一情况，运营者可以将视频吸引人目光的内容放在开头，在视频前3秒抓住用户，从而使用户产生往下看的欲望。

比如，若创作的是情感类视频，如果开场就是"我们分手吧"，那用户就会抱着"怎么就提分手了呢？到底是什么情况呢？"的疑问，饶有兴致地看下去；对于技术流的视频，可以把特效放在前面，比如跟镜子里面的自己打乒乓球，打个响指就下雨了，这就能吸引用户继续看下去。根据视频内容，把最吸引人的部分放在开头的案例，如图10-28所示。

图 10-28

10.4.2   巧妙借势热点，实现快速"涨粉"

相比于一般内容，热点内容因为拥有一定的受众基础，所以通常容易获得大量抖音用户的关注。抖音运营者可以根据这一点，巧妙借势热点，打造与热点相关的短视频，从而实现快速"涨粉"。

热点有以下几种。

1. 常规热点

常见的，固定时间点或时间段会出现的热门话题，例如节假日、高考等大事件等。可根据往前的这些热点关注度及话题，提前选定内容、进行视频预热和拍摄制作，盯准时机发布。

2. 突发热点

突发热点指不可预测的突发事件，比较突然和偶然，热度下降也比较快。这类热点利用起来难度较大，但也可以提前做好预案，也可以有所收获。

3. 预判热点

预判热点指可以人为预测的一些热点，要求要更高一些。

例如哪部电影上映前，可以通过分析受众群体及话题本身，预测电影是否会被大家高度关注，提前进行策划准备。时机掌握得好，内容制作水准够高，就有很大可能会成为爆款短视频。

10.4.3   借用抖音话题/挑战赛快速"涨粉"

话题和挑战赛就相当于视频的一个标签。部分抖音用户在查看一个视频时，会将关注的重点放在查看视频添加的话题上；还有一部分抖音用户在查看视频时，会直接搜索关键词或话题。

抖音话题和挑战赛通常有两种使用方法：一种是在短视频中添加话题，另一种是主动开展和组织挑战赛。下面将分别进行说明。

1. 在短视频中添加话题

每一个话题都相当于短视频的一个标签，如果运营者能够在短视频的文字内容中添加一些话题，便能吸引部分对该话题感兴趣的抖音用户，从而起到一定的"引流"作用。运营者在视频中添加话题时可以重点把握以下技巧：尽可能地加入一些与视频内容相关的话题，如果可以，建议在话题中指出视频内容的受众，以增强推荐的精准性。

2. 主动开展和组织挑战赛

有效的"涨粉"方法就是吸引粉丝进行创意复制，而发起挑战赛就是最好的形式。抖音目前的挑战赛往往结合了新闻热点和最热的视频。值得注意的是，挑战赛必须设置得足够巧妙才能提升账号的曝光度。有以下几点需要注意。

⊃ 不要设置太复杂的挑战。因为太难了，很多用户就放弃了，一定要容易拍摄和制作，才会吸引更多人参加。

⊃ 一定要足够新奇或者好看、有趣，抓到用户想要挑战的某个点。挑战赛最重要的是传播出去，一定要让用户觉得有趣，才有可能传播给更多人。

⊃ 发起挑战赛的账号要有一些特点，例如有特殊贴纸等logo，让人容易记住，不能让人玩了就忘记了账号主体。

⊃ 挑战赛要尽量用一个受众范围比较大的话题，比如"开榴莲的100种方式"就不如"你的春节还能这么玩"的受众范围大，而受众范围越大，就会收获更多的粉丝投稿。

第 11 章

抖音直播：
强有力的变现路径

　　网络直播是时下深受年轻人喜爱的一种新型内容传播方式。网络直播具备独特的优势，例如表现方式多样、互动性强、用户体验好、受众范围广、时空适应性强等。基于这些特性，直播逐渐成为"引流"和"吸粉"的强劲渠道之一。抖音近年来大力推进平台直播板块的发展，为众多用户开拓了一条新的红利渠道。

11.1　直播：扩大流量、增加粉丝数的必要手段

如今直播大军盘踞的平台主要有以抖音、快手等为代表的短视频平台，以及以淘宝等为代表的电商平台。相较而言，短视频平台的核心优势是流量大，电商平台的核心优势则是丰富的商业生态——商家多、商品多。

11.1.1　直播优势：全新的变现方式

直播内容发布门槛低，直观性和互动性比传统的纸质或视频媒体更强。直播的多样性使得各平台更加垂直、丰富，通过这种"所见即所得"的形式，主播与用户的互动和沟通变得更为紧密。下面介绍直播的几个显著优势。

1. 真实性：现场直播接近事实真相

直播可直接呈现事件的全过程，让信息来源的真实性更加可靠。尤其是一些社会热点事件，由于有了现场直播，更容易让大众明白事件的整个过程。网络直播的即时性使内容更加真实，展现出来的信息是看得到、听得到的，所以比传统的文字、图片信息更让人容易相信。

2. 传播性：更有利于信息扩散

直播作为微社交时代的最新社交方式，由于融合了文字、语音、画面等多种表现形式，内容观赏性更强，适宜人群更广，老少皆宜。因此在传播性上比传统传播方式具有更大的优势，传播范围更广，传播速度更快。

3. 社交性：融互动性、趣味性于一体

纵观大多数网络直播平台，无一例外都带有一定的社交性。即使定位不同，针对的人群不同，功能有所差异，但都是以社交为基础的。不难看出，其实很多新媒体平台都具有社交属性，先具有社交功能，再向其他功能延伸。

4. 平台性：容易形成特定的圈子

直播由于依托的人群不同，也逐步形成了各式各样的直播圈子。特定的圈子文化使直播平台能够与用户建立更深层次的社交关系，让人们的社交关系得到沉淀和扩散，增强用户和平台之间的黏性。目前直播平台常见的圈子类型有游戏圈、泛娱乐圈等。

5. 分享性：可将视频分享到多个平台

直播之所以能火爆，主要原因也在于它所依赖的平台是个开放式的平台，使主播与观看者、分享者之间形成了一个完美的闭环：主播现场直播，供观看者在线观看；观看者对直播内容发表自己的观点、看法、评论，与主播或其他观看者互动；观看者在观看完直播之后，可将自己感兴趣的，或者认为对自己有用的信息分享到自己的账号，或转发给第三方。

6. 变现性：多方位实现最强变现

打赏是直播中最常见的变现方式。直播带货是目前直播领域最火也是变现效益最高的方式。直播应用中的会员充值、VIP服务、密码房间、主播守护等增值服务都可以实现一定程度的变现，而直播中的广告投放、内容付费等也是未来直播平台实现变现的重要的方式。企业或个人要想凭借直播赚取可观的收益，"引流"就显得至关重要了。根据直播活动的时间，直播活动可划分为直播前、直播中、直播后这3个阶段，根据不同阶段进行"引流"，可达到精准"吸粉"的目的。

11.1.2 新手必看：开通直播的条件和申请方法

在抖音直播界面中，可以看到4种直播方式：视频直播、语音直播、手游直播和电脑直播，如图 11-1 所示。每种直播的开通方式是不同的，下面进行具体介绍。

1. 视频、语音直播

目前抖音已经开通了不需要粉丝量也能开通直播权限的正规途径，为广大想要直播的用户进一步放宽了条件。下面介绍开通视频及语音直播权限的操作方法，其中开通视频直播只需要通过身份认证即可，语音直播还需要满足一定的条件。

⮐ 第一步，点击直播界面下方的"开始视频直播"或"开始语音直播"。

⮐ 第二步，进行实名认证，如图 11-2 所示。

⮐ 第三步，进行人脸识别，如图 11-3 所示。

⮐ 第四步，人脸识别通过后会收到系统通知，如图 11-4 所示，就可以进行视频直播或语音直播了。

图 11-1

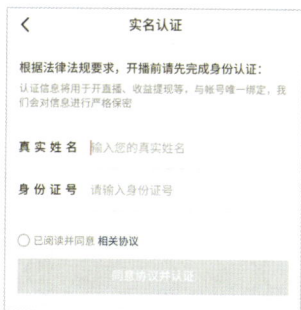

图 11-2

图 11-3

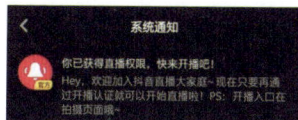

图 11-4

获得直播权限后，点击首页的"+"号按钮，点击"开直播"选项，可选择视频直播或语音直播，如图11-5和图11-6所示。

2. 手游直播

抖音手游直播功能多用于直播手机游戏，通过手游直播可以将手机页面及主播在手机上的操作展示给观众。对于平时热衷或擅长的手机游戏，用户就可以用录屏直播的方式进行直播，图11-7所示为"申请录屏直播权限"界面。

3. 电脑直播

电脑直播开通界面如图11-8所示，电脑直播比其他方式烦琐一些，大家可根据提示进行操作。

打开抖音，点击首页的 ➕ 按钮，进入拍摄界面后点击"开直播"选项，然后点击顶部的"电脑"选项，切换至相应界面，如图11-9所示，根据提示复制网址到电脑的浏览器中。

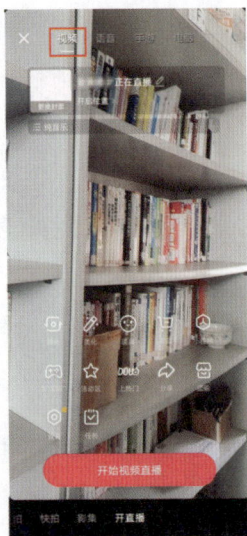

图 11-5

图 11-6

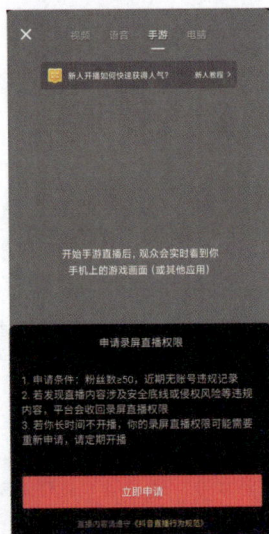

图 11-7

在电脑浏览器中粘贴网址后，下载并安装"直播伴侣"软件。图11-10所示为直播伴侣软件图标，该软件目前仅支持Windows系统。安装完成后，启动软件并选择直播平台，这里选择"抖音短视频"平台，如图11-11所示。

根据提示，打开抖音扫描软件提供的二维码登录个人账号，即可进入软件操作界面，如图11-12所示。

图 11-8

图 11-9

图 11-10

图 11-11

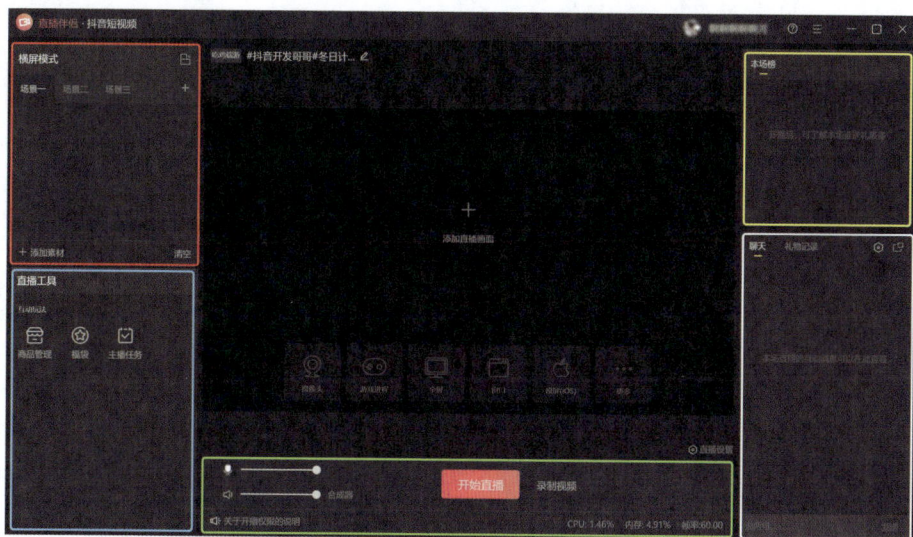

图 11-12

直播伴侣各功能区域说明如下。

- ⊃ 红色框区域：管理场景、添加素材、切换横竖屏。
- ⊃ 蓝色框区域：常用直播功能。
- ⊃ 绿色框区域：开关播控制、性能占用情况。
- ⊃ 黄色框区域：直播榜单。
- ⊃ 白色框区域：弹幕窗口。
- ⊃ 中央区域：直播画面采集和预览。

11.1.3 变现方式：多重途径增加收入

如今观看直播已成为大众喜爱的娱乐方式之一，随着年轻消费群体的崛起，以及移动网络的快速发展，直播带货也成了风口。直播作为一种原生的内容形式，相比常规视频增加了互动优势，在用户体验方面，直播更为立体，内容更为生动。

目前在抖音，用户可通过点击主页的"直播内容"快速进入直播间，许多主播会选择以付费的形式，将自己的直播间推广到推荐页面。直播间进入推荐页面后，就有更高的概率吸引更多的用户进入直播间。直播是提升流量获取和转化能力的一种商业玩法，下面介绍利用直播实现变现的几种常见方式。

1. 直播带货

越来越多的抖音用户选择转战直播间，主要原因有以下两点。

一是抖音功能空间的拓展，为创作者（主播）提供了"吸粉"及表现的新舞台。例如，2019年"牛肉哥"以高达1.3亿的直播热度击败了红人"呗呗兔"，位居"双11"抖音直播种草排行榜榜首的位置。而仅在2019年"双11"当天，"牛肉哥"自营电商全网成交额3450万元，带货商品交易总额达6500万。

二是抖音与淘宝的合作"导流"得到了决策层的支持。在新时期下，直播带货的发展趋势迅猛，未来有无限的可能性，"牛肉哥"在直播间的出色表现，证明了被直播种草消费者的广泛程度，可以说是新时代直播变现的教科书。

直播带货还有许多成功的案例，2019年8月20日，丽江市石榴哥直播卖货，销售时长20分钟，卖出120余吨，最高每分钟下4000单，单场直播创造价值高达600万元。第一次直播卖货的石榴哥首战告捷，交出了高分答卷，其塑造的石榴哥形象更加深入人心，同时平台的消费者覆盖率也更上一层楼。

2. 直播打赏

打赏也是目前常见的一种变现方式，许多直播平台和主播都以用户打赏作为重要的收入来源。用户一般会以赠送虚拟礼物的形式进行打赏，这些虚拟礼物是通过购买兑换得到的。用户打赏的行为体现了其参与直播互动的积极性，是直播过程中必不可少的互动方式。图11-13和图11-14所示为直播打赏界面。

3. 广告投放

在直播中投放广告，对用户而言是一件既省时又省力的事情，因为如果对广告商品感兴趣，可以直接在直播中点击商品链接进行购买。现在许多直播赛事或大型晚会都会有赞助商冠名，还有

图 11-13

图 11-14

一些广告主会选择在直播过程中投放广告，这类似于平时大家看到的电视广告，但因为现在长时间收看电视的人减少了，并且一些广告也不会选择在电视上投放，所以各个直播平台就有机会与这些品牌商直接合作，并从中赚取广告佣金。

4. 付费内容

在部分直播平台中，并不是所有的直播内容都可以随意观看，有些内容需要用户付费方能收看。是否在直播平台收看付费内容，取决于用户的个人意愿。目前付费的直播内容比较少，但是伴随着直播内容的创新、优化及版权意识的加强，内容付费是未来直播发展的必经之路，也将是直播变现的重要方式之一。

11.2　直播带货：增加直播间人气很重要

相较于传统电商，直播带货更为真实地还原了用户的线下购物体验，通过主播的展示和讲解来影响用户的购买决策，并通过推销手段提高产品的销量。在很大程度上，直播带货拉近了商家与用户的距离，推动了零售业的巨大变革。

11.2.1　分享功能：开通抖音商品分享功能

抖音商品分享功能包含商品橱窗、抖音小店这两大功能，这些功能主要用于帮助用户了解商品详情及购买商品，下面就为大家介绍在抖音开通商品分享功能的条件。

1. 商品橱窗

抖音账号需要同时满足以下条件，方能解锁"商品橱窗"功能。

⊃ 粉丝量在1000以上。

⊃ 发布10条以上视频。

⊃ 完成实名认证后，申请个人主页商品橱窗。

⊃ 通过上述审核后，在10天内完成新手任务。

进入抖音主页，切换至"我"界面，点击右上角的菜单按钮 ☰，然后在打开的列表中点击"创作者服务中心"选项，如果界面中没有"商品橱窗"则点击"全部分类"。随后点击"商品橱窗"选项，再点击"成为带货达人"选项，之后按照步骤提示操作即可。申请完成后需要等待审核，审核通过即可添加商品链接，如图11-15～图11-19所示。

图 11-15

图 11-16

图 11-17

图 11-18

图 11-19

2. 抖音小店

在"商品橱窗"界面点击"开通小店"选项，按照提示操作，然后进入认证页面，如图11-20所示，根据步骤提示完成认证即可。

11.2.2　直播带货：努力增加成交收入

从2018年开始，抖音逐步引入了商品橱窗、关联淘宝、自营店铺等功能，并逐步引导抖音用户利用视频或直播进行流量变现。要想利用直播争取更多的成交收入，需要做好相关的准备工作，选择优质的产品，打造优质的直播间，这样才能有效吸引粉丝并实现价值转化。

1. 开播前进行选品管理

直播产品的吸引力、竞争力可以直接影响直播的转化效果。在直播前，直播团队必须认真根据品牌、直播主题及直播目的选择符合要求的产品。一般来说，直播中卖得好的产品需符合以下特征：与目标用户的需求匹配度高，产品性价比高。

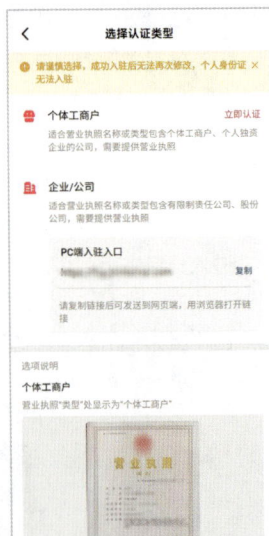

图 11-20

此外，开播前的选品管理还可以从以下几点出发。

⊃　新品首发。品牌每一次的新品发布，都可以看作对之前产品的更新。产品的新亮点、新设计、新材质等，对于品牌的忠实粉丝来说都具有强烈的吸引力。选择以直播的形式呈现新品，可充分吸引品牌的忠实粉丝进行关注，快速打开新品市场。

⊃　热销"爆款"。热销"爆款"是品牌及其门店业绩增长的重要支柱，在直播间也可以充分利用"爆款"来"引流"，提高直播的竞争力。商家在打造"爆款"时，可重点从新奇感、疗效感、用户易分享及低消费门槛4个角度来选择。

⊃　特价清仓。库存积压给商家带来很大的运营压力，以特价方式将库存清理掉，在回馈粉丝的同时，也能快速回流资金。

⊃　主题产品。每一场直播都有一个对应的主题，在直播间除了重点推荐主题产品外，还可以介绍周边产品和相关搭配产品，比如连衣裙主题可推荐匹配的腰带、鞋子或包等，此外还可以推荐一些时令产品以带动整体销量。比如开设"口红专场"主题，可以在介绍完各种口红的色号之后，适当进行搭配产品的推荐，如腮红、眼影、唇刷、润唇膏等。

⊃　组合选品。按价格区间挑选产品，在直播的不同时间段上线不同价位的产品。比如，其品牌在直播中将产品分为低档、中档、中高档及高档4个等级，并结合前期直播经验，总结并及时调整策略：在拉动销量上，选取价格相对较低、性价比高的产品；在品牌形象打造上，选用品牌经典款和热销款，以加深用户对品牌的认知。

当直播选品类别确定后，接下来可重点优化直播间产品分布与各SKU的占比，比如可设置为"热销'爆款'15%＋新品首发15%＋特价清仓款10%＋常规款40%＋利润款20%"。其中"爆款"与新品帮助品牌增强竞争力、获取直播流量；特价清仓款有助于快速清库存，回笼资金；常规款与利润款则在丰富品类的基础上，维持销量、提升利润。

2. 增删产品和调整顺序

运营团队在前期要对直播产品进行筛选，匹配标签一致的主播，提炼产品的价值及卖点，并规划好产品在一场直播中的价值定位。等直播开始后，要思考产品以什么样的顺序上架，或者已经安排好的顺序在直播开始后是否要进行调整。一个有经验的主播或者有经验的运营团队，一定会按照直播过程中的实时数据变化来调整产品规划。

开播之初，先进行热场互动。主播可以对当天的福利活动等进行简单介绍，比如整点抽免单、买赠等。在直播开场时，可发放宠粉福利，比如常见的宠粉"引流"产品组合。有些宠粉款产品看似是宠粉，实为"引流"，而且宠粉款产品，除了能留住直播间的粉丝，也有助于后面利润款产品的销售。接下来介绍的是利润款产品，也就是当场直播的主打产品。值得注意的是，利润款产品最好与宠粉款产品相关，以便主播的介绍从宠粉款产品顺利过渡到利润款产品。此外，介绍一款产品的时候，介绍时长最好不要超过10分钟，以免观众产生疲劳感。

产品顺序，即直播时先介绍什么产品，后介绍什么产品。产品顺序能间接影响直播间的在线人数和流量。直播带货并不是简单地把橱窗里的产品全部上架，然后罗列到直播间依次介绍就行了。不同的产品排列顺序，对观众留存、下单转化有着不同程度的影响。观众从进入直播间，到离开直播间可能只有几秒的时间，在观众驻足直播间的这段时间，如果没有吸引他的产品，几乎可以断定这个用户流失了。所以，产品顺序，包括主播的"吸粉"能力都是很重要的。

3. 产品讲解可弹出产品卡片

在进行抖音直播时，主播进入购物袋列表，选择指定产品点击"讲解"按钮，即可进入该商品的讲解时间，观众端会弹出对应的产品卡片，如图 11-21 所示。此时，观众点击购物车可自动定位该产品。购物袋默认弹出购物袋排序第一的产品。30秒内主播多次点击讲解功能，观众端只会弹出一次产品卡片。

主播可在后台设置优惠券，直播间产品列表会展示"优惠券"标签，观众可点击产品列表进入"产品页/种草页"领券后购买，另外，直播中有趣的标题和好看的封面，也可以吸引更多的人气。

4. 开播前将商品添加至购物袋

在开始直播前，主播需要将小店的产品添加到购物袋中，观众观看直播时，可点击屏幕下方的购物车按钮查看所有产品，如图11-22和图11-23所示。

图 11-21

图 11-22

图 11-23

11.3 集中扫盲：细节打造高质量直播间

许多新手在开通直播权限后，最初几周热情满满，没过多久因为直播间反馈不好便想要放弃。殊不知，做直播需要的是坚持，以及不断学习。直播带货是一门技术活，并不是在镜头前简单地讲解商品就行，而是需要长期坚持才能看到效果。

11.3.1 封面：独特且符合主题

观众看直播首先看到的是主播的头像和封面。对于主播来说，头像和封面的好看程度决定了观众是否会被吸引并进入直播间。制作封面时，主播可使用自己的艺术照，配上合适的文字，以美观且简洁大方的形式呈现。

直播封面会影响观众是否进入直播间，美观的封面能被观众一眼看到，并吸引观众进入直播间。下面为大家总结4点设计直播间封面的技巧。

图 11-24

⮕ 画面清晰：画面清晰是设计封面的基本要求，建议使用高清图片作为直播封面。

⮕ 主播出镜：在设计封面时，可以加入主播照片（清晰的人物照片），如图 11-24所示。这是提高个人辨识度的基本要求，目的是让观众一眼就能辨认出负责直播活动的主播。

⮕ 文案简洁：封面上的文字不宜过多，单行文字尽量控制在10个字以内，突出重点文字。

⮕ 打磨文案：文案要反复打磨，有趣、有重点、有新鲜感的文案，可以吸引更多人观看直播。

11.3.2 设备：打造更专业的直播间

工欲善其事，必先利其器。打造一个优质的直播间不仅取决于主播、运营团队和产品，还取决于直播时使用的话筒、灯光、拍摄设备等。下面将介绍搭建专业直播间需要准备的基础设备。

1. 手机直播设备

使用手机直播时，需要准备两部手机，一部用来直播，另一部用来伴奏（主播可用来提供客户服务）。建议使用像素高及处理器较为高端的手机，确保画质清晰。直播过程中要持续为设备供电，并确保网络的稳定性，以免造成直播中断。

2. 外置声卡

选择一块优质的声卡可以避免直播过程中产生杂音、延迟、失真等问题。一些娱乐类声卡还具备混响、电话音、变声等功能。选择的外置声卡需要兼容手机、电脑、平板电脑等，同时要支持多设备连接，即可以同时支持多台手机直播、多个话筒连接，这样就能满足两个人同时直播，或者多平台同步直播。

3. 话筒

话筒的种类有很多，大部分主播会选择电容话筒，如图 11-25 所示。电容话筒的优点是频率范围广、音色细腻；缺点是对收音环境要求高，价格略高。如果是做食品类直播（需要试吃）的主播，最好选择领夹式话筒，这样收音会更为便捷。

4. 设备支架

支架的种类非常多，如图 11-26 所示，有多个机位（手机＋声卡＋话筒＋补光灯）一体的，也有独立式、落地式及台式等形态的支架，大家根据自己的需求选择即可。用于直播的支架应当重点考虑支架的可伸缩性及可扩展性，其次是稳定性要好，占地面积要小。

5. 补光灯

在直播时，使用补光灯能够营造光线充足的拍摄环境，通过补光灯加持的画面画质清晰、色彩动人。此外，主播在补光灯下直播，整体看上去皮肤白嫩，个人魅力可以得到很好的展现。目前，市面上用于直播的补光灯价格不一，款式也大不相同，对于初涉直播行业的新手来说，建议选择自己经济承受范围内的补光灯。

目前使用较为普遍的是环形补光灯，如图 11-27 所示。其大小一般为 10～18 寸，优点是价格便宜、柔surrogate 效果好，环形补光灯能在眼睛里形成一个环形亮斑，使眼睛看上去特别有神。其次用得较多的是 LED 补光灯，LED 补光灯的缺点是直接打光时，光线会比较生硬，因此需要借助柔光罩、反光板、柔光纸等进行辅助打光，如图 11-28 所示，这样可以让光线更加柔和、明亮。

6. 背景布置

直播背景的总体要求是干净明亮、整洁大方，搭建背景墙时可选用浅色或纯色背景布。此外，可根据主播的个人风格进行适当装饰，也可以根据当日的产品或活动贴上相应的广告海报或产品图。布置背景时，不建议使用花里胡哨的图案或鲜艳的颜色。

11.3.3　内容：突出重点且条理清晰

有些新手在刚开始直播时，因为没有足够多的粉丝，仅有的粉丝黏性也不强，后续发现越来越难做，就选择了放弃。其实要做好一场直播，也是需要提前进行策划的，做好相应的准备工作并对内容进行优化，这样才能确保后续的直播工作有条不紊。

1. 内容策划

在内容的策划上，可以根据"消费者"关心的话题、节日、产品或品牌等进行选择，也可以策划一场产品上新活动、店铺"爆款"促销活动等，要把对消费者的好处展现出来，要想清楚直播是为了吸引谁，或者谁是主要的消费者。从这一角度出发所策划的直播内容就是消费者所关心的内容。如果没有吸引消费者的亮点，那消费者很快就会离开直播间。

对消费者而言，具备吸引力的东西一般是对自身有好处的东西，比如直播间的购买价格比平时低，或者得到更多的赠品等。如果在价格上无法让人心动，主播可以在直播的内容上多下功夫。如果消费者

图 11-25

图 11-26

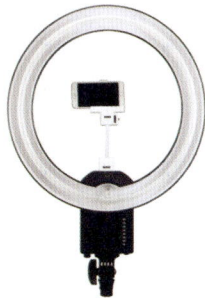

图 11-27

图 11-28

通过直播能学到一些东西，那么他们也会认为这场直播是不错的。内容策划就是要从消费者的角度出发，学会换位思考，知道消费者喜欢什么、怎么和消费者互动，通过互动把普通观众变为忠实粉丝，这样才能实现有效转化。

2. 互动玩法

虽然主播的主要工作是卖货，但是在直播间也可以适当进行才艺展示，增加和粉丝的互动。互动的形式很多，比如一起做一个游戏、合唱一首歌曲，或者是直播间点赞量达到多少时，主播或助理唱一首歌等，这种互动方式可以很好地调动直播间氛围，也能让观众体验到直播间的趣味性。

在常规认知里，新手可能觉得在20:00～22:00这个时间段直播是最好的，但是也要考虑自身直播间针对的人群，比如母婴直播间面向的群体是"宝妈"，"宝妈"在20:00～22:00这个时间段可能需要哄孩子睡觉，而且这个时间段许多大主播都在直播，那么在这个时间段直播就不太适合了。各位新手可以在多个时间段测试一下，找到适合自己的黄金直播时间段。

确定直播时间段后，以后就在固定时间段进行直播，以培养粉丝的观看习惯。直播时可准备一些福利，例如直播专属优惠券、送礼物、抽奖和免单等，以此来带动粉丝互动和把控直播节奏。

3. 基本话术

主播要遵守基本的礼仪，比如对新进入直播间的观众表示欢迎，对送礼物的观众表示感谢等，同时要适时地引导大家关注直播间。下面介绍直播间常用的话术。

- ➲ 欢迎所有新进来的朋友！
- ➲ 欢迎来到主播的直播间，点个关注不迷路。
- ➲ 喜欢主播可以点击视频左上角的加号，关注一下主播！
- ➲ 喜欢主播的可以加入主播的粉丝团！

4. 歌单分类

在直播间，背景音乐是不可或缺的一个因素，背景音乐既能活跃直播间气氛，又能拉近主播和观众之间的距离。许多主播会提前整理自己的歌单，比如一些才艺类主播会准备一些安静的歌曲，带货主播会准备一些轻松欢快的音乐，主播可以根据自身的喜好或直播间的风格来创建歌单。

11.3.4 互动：积极互动、积极解答

有些新手因为拘谨、放不开，造成直播间因为互动不够而冷场。其实开朗的性格并不是直播成功的决定性因素，许多新手大多是因为心理压力或不懂直播技巧而造成直播间热度不够。新手在初涉直播时，大抵已经做好了心理准备，只是一时间不适应与陌生人进行互动。即使互动了，得不到很好的反馈，也会感到不知所措，无形之中给自己施加了压力。其实这都是开播前准备不够充分造成的，即使是在现实生活中，再优秀的人或作品也很难获得百分百好评，何况是在开放度这么高的网络环境中，主播也不可能得到所有观众的喜欢。众口难调，主播只能想办法通过互动技巧来拉近与观众的距离，能赢得大部分观众的信任和喜爱，直播就成功了一大半。

下面分享几个在直播间优化互动效果与提升直播间氛围的技巧。

1. 丰富的表情动作

对于观众来说，直播首先要满足其视觉上的需求，所以主播在进行语言表达的同时，不妨同步加上表情和肢体动作，肢体动作要比现实中的夸张一些，表情可持续几秒，因为观众也需要一定时间接收这些信息，观众看到互动反馈，才会得到较高的参与感。

主播在收到礼物后，可合理表现自己的惊喜或其他情绪，适当地做出一些感谢的手势。即使是在唱歌等才艺展示环节，也可以增加一些灵动的手势或表情。

2. 多说礼貌感谢语

在直播间耍大牌、装作看不见等行为，是很不受观众待见的。主播在不降低表演品质的情况下，尽量多表达自己对观众的欢迎和答谢。在收到观众打赏的虚拟礼物时，无论多少，方便时就要点名答谢一下。

3. 平时多积累段子

新手如果自身不具备搞笑天赋，那就多做些功课，平时可以多去一些搞笑大主播的直播间学习一些好段子，刚开始可以用记录的方式，将稿子放在镜头拍不到的地方，直播时讲出来。讲段子时还可以搭配一些当前的热门话题。形成这种思维和习惯后，以后的直播会越来越顺利，直播间也不会显得那么枯燥了。

4. 扬长避短留一手

大多数人对超出心理预期的人或物都会产生浓厚的兴趣和好感。大多数观众对于一些新手的心理预期不会太高，所以新手对自己的才艺不要自吹自擂，如果最后展示时没有达到观众的期望值，很容易造成观众流失。大家可以准备两种及以上才艺，其中一种不轻易展示的保留才艺，看准直播间气氛再进行展示。如果对自己的才艺没有信心，也不要因为怕冷场而应观众要求勉强进行展示，确实无法推脱的时候就展示隐藏的才艺，扬长避短，免得拙劣的表演让观众失望。

5. 巧用连麦拉动人气

直播时跟其他主播连麦，可以为自己的直播间带来更多人气。对于找不到连麦对象的新手来说，可尝试连麦等级差别不大的主播，通过真诚的交流慢慢建立稳定的圈子。

6. 利用搞笑道具互动

大部分直播平台会为用户提供许多有趣的虚拟道具，比如跑车、飞机、游轮、钻戒等。用户可以通过给主播送虚拟礼物的方式，及时表达自己的情感、想法，这是直播平台上常见的互动方式。

7. 利用表演活跃气氛

某些主播会通过喊麦、"卖萌"等方式娱乐观众，以达到活跃直播间气氛的目的。喊麦通常以说唱的形式展开，歌词押韵，朗朗上口。"卖萌"则是主播通过儿童可爱的声音唱歌、说话，同时配合一些可爱的表情和动作。大家可以多看、多学习，找到适合自己的表演方式。

11.3.5 情绪：保持平静且宠辱不惊

大家都知道，直播时稳住心态是一件很重要的事，因为直播时，主播的情绪会直接影响到整个直播间的氛围。良好的心态有助于营造和谐的直播间氛围，从而提升直播间的收益；反之，在直播时心态不佳、情绪失控，则很容易造成粉丝流失。

下面为各位新手总结几条直播经验。

1. 保持自信

要想保持良好的直播心态首先要学会自信，自信是成功的前提，也是快乐的秘诀。俗话说"尺有所短，寸有所长"，即使现在的你是一个毫不起眼的小主播，但要相信自己有一天也能成长为大主播。做主播不能光想着自己的缺点或短处，做一个自信的人，先接纳自己，观众才会接受你。

2. 避免对比

切记不要总拿自己的缺点跟人家的优点比。一定要学会赏识自己、悦纳自己、勉励自己，可尝试以下做法。

- ⊃ 回忆自己第一次收到虚拟礼物时的体验和经历。
- ⊃ 坚持写直播日记，写主播培训摘抄。
- ⊃ 将自己的优点罗列在纸上，同时写一两句能激励自己的名言警句或座右铭，每次直播的时候贴在墙上等随处可见的地方，用于激励自己。

3. 学会宽容

直播时遇到"黑粉"是很常见的事情，他人带有羞辱性质及过激的言论很容易影响心情。面对直播间涌入的低俗言论，一定要学会泰然处之。一味地生闷气，或是因为过激言论与他人爆发争执，只会让自己得不偿失。大家要始终明确一点，直播间要向大众传递正能量和积极的情绪，这样的直播间才是优质直播间。

11.3.6　时间：选择合适且固定的直播时间

大部分新手会纠结一天当中在哪个时间段直播是最合适的，晚上观众多、机会也多，但是大主播都纷纷上线，竞争太激烈；白天观众少，感觉直播间人气不够。各个时间段的直播情况大致如图 11-29 所示。

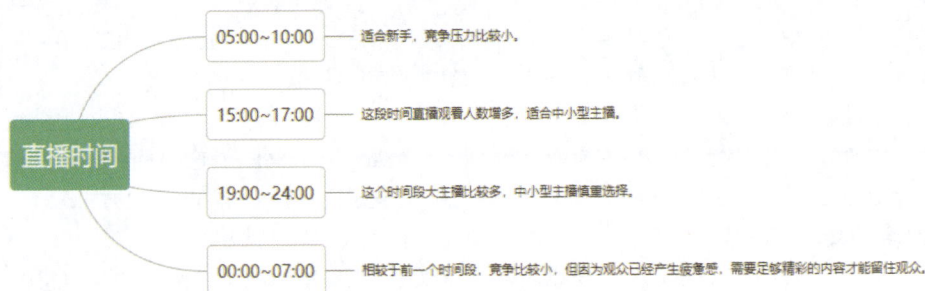

图 11-29

下面详细分析不同的直播时间段，主播可以根据实际情况来选择。

1. 05:00～10:00

新手可选择在 05:00～10:00 这个时间段直播，相较于其他时间段，早上直播的主播较少，对于新手来说竞争会小一些。

需要注意的是，在早上这一时间段，由于大部分人有工作事宜要处理，所以主播很难将这部分观众长时间留在直播间。对于这部分观众，主播要做的是利用他们的碎片化时间，即上班通勤的这个时间段，在这个时间段重点表现，争取把观众转化为直播间的长期有效粉丝。

2. 15:00～17:00

这一时间段看直播的人数会比早上稍多，适合中小型主播直播，尤其是在 15:00～16:00 这个时间段，观众的心理处于放松状态。如果主播的表现力不错，这个时间段很容易收获观众好感及礼物。

3. 21:00～24:00

这个时间段属于"高手云集"的时间段，许多大主播会选择在这个时间段开播，各种消费能力较强的粉丝也纷纷出动，大主播们往往能在这几个小时内收获大批人气和效益。中小型主播在这个时间段直播，面临的竞争压力是比较大的，所以要慎重选择在这一时间段直播。

4. 00:00~07:00

00:00~07:00这个时间段，相较于前一时间段来说，竞争会小一些，但是大部分观众在这个时间段会产生疲劳感，如果内容不够精彩，直播间是很难留住观众的。但这个时间段的优势在于，观众的心理十分放松，尤其是凌晨2点左右，主播获得礼物的概率是比较大的。

11.3.7　粉丝：真诚经营增加人气

随着直播时间的增长，主播会认识和积累越来越多的粉丝。有些粉丝会因为时间不合适或对内容不感兴趣等各种原因流失，对于主播来说，放任粉丝流失是不妥的。主播平时要及时维护粉丝，降低粉丝管理压力，同时在直播过程中，要积极与粉丝互动。

主播的成功离不开粉丝，粉丝是主播的支持者，也是主播持续直播的动力。对于主播来说，粉丝也是需要经营的，这样才能让自己在直播之路上走得更远。下面介绍经营粉丝的几个技巧。

1. 尊重并善待粉丝

对待粉丝必须心怀感恩，在平时直播时，多与直播间粉丝进行互动，给粉丝留下较好的印象。要想得到粉丝的拥护首先得尊重粉丝，这也是提升粉丝黏度的重要因素。

下面为大家介绍一些基本的粉丝经营技巧。

⊃ 心存感激：接受粉丝赠送的虚拟礼物后，要及时地表达感谢，心中常存一份感激，与粉丝的关系才会更加和谐。

⊃ 同频共振：主播如果能主动寻找与粉丝之间的共鸣点，使自己的"固有频率"与粉丝的"固有频率"保持一致，就能很好地增进彼此的友谊。

⊃ 真诚赞美：当粉丝有值得褒奖之处时，应给予诚挚的赞许。赞美，不仅会把粉丝团结得更加紧密，还有可能让观众转化为自己的粉丝。

⊃ 诙谐幽默：机智风趣、谈吐幽默的主播往往能收获更多的粉丝，大多数观众不愿同动辄与人争吵，或者郁郁寡欢、言语乏味的主播聊天。

⊃ 宽容大度：主播与粉丝交流时，难免会产生冲突，在这种情况下，主播多一分宽容，就会赢得一个良好的人际交往环境。不要对别人的过错耿耿于怀、念念不忘，正是因为有了宽容，路才会越走越宽。

⊃ 诚恳道歉：如果不小心得罪了粉丝，应当真诚地向粉丝道歉，这样不仅可以化解矛盾，还能促进双方心理上的沟通，缓解彼此的矛盾。

2. 参加活动和比赛

一般游客性质的用户不会主动进入直播间，所以作为主播，增加自身或直播间的曝光量就非常有必要了。主播有机会可以多参加平台的活动和比赛，平台的活动和比赛一般场面较大，去的人也多。参加活动和比赛，让更多人看到你的努力和才艺，看到不一样的你。把自己推销出去了，离成功就不远了。

3. 直播间串场

主播如果只待在自己的直播间，接触到的用户是有限的。如果想接触更多的用户，获得更多的流量，不妨去其他直播间"串个门"。当主播以"粉丝"的身份去到其他直播间，并尝试与其他粉丝聊天交友时，那就有可能将其转化为自己的粉丝。此外，主播与主播之间建立良好的合作关系，也能实现粉丝资源的共享。

4. 参与PK游戏

直播时，主播可以多开展或参与一些PK游戏，如图 11-30 所示，通过与其他主播的互动，可以达到"涨粉"的目的，粉丝会有明显的增加。

5. 与粉丝保持联系

在常规的节假日，或对方生日这种特殊的日子，不妨打一通问候电话或发一条祝福短信，或通过QQ、微信等社交软件进行沟通交流，这些举动都是维系和巩固关系的黏合剂。

此外，主播可以适当举办一些线下粉丝活动，进一步加深与粉丝的关系，为彼此留下更深、更好的印象，通过这样的机会还能结识更多的新朋友。

6. 建立粉丝团管理粉丝

随着近几年直播产品的快速发展，粉丝团功能已经成为秀场类直播产品的基本功能之一。直播粉丝团功能，指的是用户通过付费方式加入主播的粉丝团，可以成为主播粉丝团的成员，并在直播间享受到粉丝的各项权益，加入粉丝团的用户可以通过粉丝团任务，提升自己和主播的亲密度。

图 11-30

用户加入主播粉丝团的核心诉求是让主播更多地关注自己，让自己在直播间有更强的存在感。通过加入主播的粉丝团，用户可以获得粉丝团成员的专属标志，也更容易获得主播的关注，增加与主播互动和聊天的机会。创建粉丝团可以让粉丝获得更强的归属感，他们可以通过成为粉丝团成员，获得与主播和其他成员互动的机会，更好地表达自己的观看体验和感受，主播也可以从他们提出的意见中得到成长。